# …企業の「求める人材」を…かが成功のカギ

## …めに

転職が当たり前の時代になってきました。転職が必ずしもよいというわけではありませんが、職種や働き方にこだわりがあれば、その思いを実現するために、転職が選択肢のひとつとして考えられます。今すぐに転職を考えずとも、自分のやってきた仕事を整理し、自分の「売り」を把握しておくことは、今後のキャリアプラン、ライフスタイルを考えるにあたって有効です。

ここでしっかり整理する必要があるのは、自分が「やってきたこと」と「できること」、「やりたいこと」を区別することです。そして、求人企業が求めている「やってほしいこと」と自分とのギャップを認識し、自分の生き方から企業が求める仕事・ポジションが許容できるか、また、求められている仕事ができ会社に貢献できるか、を考えることです。

キャリアは築き上げるものです。転職にあたってゼロクリアしない考え方、仕事選びを心がけたいものです。職歴が短い人、転職回数が多い人、職種転換を考えている人でも、過去の仕事経験の中でこれからの仕事に結びつく「売り」があるはずですし、「売り」を自覚すべきです。過去の経験がまったく生かされない仕事などありません。自分の仕事を振り返り、自分の足跡《そくせき》を語れるようにしておくことが転職にあたって重要なのです。

履歴書・職務経歴書は、仕事を通じた自分の生き方を語る書類です。しかし、独りよがりであってはなりません。応募書類を通じて自分を選んでもらえるような書き方や表現方法、経歴の中での重点の置き方にはテクニックが必要です。

本書は、転職活動で避けては通れない履歴書・職務経歴書・添え状（カバーレター）について、ケース別に事例をあげて具体的に説明しています。参考例として、自分流にアレンジして活用してください。

本書が、あなたの「転ばない転職」、「無駄にしないキャリア」の一助になれば幸いです。

もくじ

## PART 1 応募書類で〝自分〟を100パーセント表現する

―転職成功への第一歩はここから始まる


自己分析で自分の〝売り〟を探る……10
応募書類は自分の〝分身〟と心得よ……12
応募資格を満たしていない場合の対処法……14
情報収集で自分に合った企業を選ぶ……16
COLUMN 採用担当者は書類で何を見るか……18


## PART 2 書類選考で光る履歴書の書き方

―ちょっとした工夫が採用担当者の心を動かす


通る履歴書、通らない履歴書……20
アピールしたいことを的確に伝える……21
人間性が出る履歴書を侮るべからず……22
履歴書用紙の選び方が採否を左右する……24

最新最強の ’26年版

# 履歴書
# 職務経歴書

成美堂出版

●本文イラスト　高木一夫
中村頼子
●執筆協力　横田京子
●編集協力　ｋｎｏｗｍ（ノーム）
●企画・編集　成美堂出版編集部
（原田洋介・芳賀篤史）

「基本データ」の書き飛ばしはミスの元……28
「写真」は唯一のビジュアル情報……30
「学歴」は見やすく、正確に記入……32
「職歴」は自分に興味を持たせる重要項目……36
「退職理由」はステップアップを印象づけるものを……42
「免許・資格」で自分の〝商品価値〟を高める……46
「趣味・特技」では人間的な幅をアピール……48
「健康状態・性格」も言い方ひとつで好印象を与える……50
「扶養家族」「通勤時間」も注目されることを忘れずに……52
「志望動機」は自分を売り込む絶好の場……54
「本人希望記入欄」も有効に使って自己ＰＲを……58
COLUMN Ｗｅｂエントリーシートの書き方……60

## PART 3 採用を決定させる職務経歴書の書き方

——キャリアと実力を効果的に伝えるために

履歴書と同じことを書いても意味がない……62
求人ニーズに合う自分をクローズアップする……63
職務経歴書は〝財産〟を伝える最重要書類……64

情報はもれなく、内容は具体的に……66
職務経歴書、作成の手順とポイント……68
COLUMN 「書くことがない」ときはどうするか……82

PART 4

# 職務経歴書のケーススタディ

## ──立場・状況に合わせて自分を的確に伝える

ケース別の書き方① 営業職の場合……84
ケース別の書き方② 販売・サービス職の場合……88
ケース別の書き方③ 事務職の場合……92
ケース別の書き方④ 技術職の場合……96
ケース別の書き方⑤ クリエイティブ職の場合……100
ケース別の書き方⑥ キャリアが浅い場合……104
ケース別の書き方⑦ フリーターをしていた場合……108
ケース別の書き方⑧ 派遣社員をしていた場合……112
ケース別の書き方⑨ 転職回数が多い場合……116
ケース別の書き方⑩ リストラで転職する場合……120
ケース別の書き方⑪ 異業種に転職する場合……124
ケース別の書き方⑫ 職歴にブランクがある場合……128

COLUMN 結婚・出産を経ての再就職はどうする？……132

## PART 5 自分を売り込む添え状の書き方
### ――戦略的に活用して書類選考を有利に導く

添え状をただの送り状にしないために……134
添え状の基本スタイルと注意点……136
書き方の手順と添え状の実例……138
キャリアが浅い場合の添え状……142
フリーターをしていた場合の添え状……144
派遣社員をしていた場合の添え状……146
転職回数が多い場合の添え状……148
リストラや倒産で転職する場合の添え状……150
異業種に転職する場合の添え状……152
同職種に転職する場合の添え状……154
職歴にブランクがある場合の添え状……156
年齢制限を設けている場合の添え状……158
主婦が再就職する場合の添え状……160
COLUMN もう一つの書類――『自己PR書』……162

PART 6

## 応募書類の最終チェックと送り方

―最後まで気を抜かず、作業は完璧に

どんなに急いでいても最後に総点検を……164
封筒の選び方・書き方で失敗しないために……166
応募書類を郵送する場合のこんな注意……168
応募書類を持参する場合のこんな注意……170
転職活動データをまとめておく……172
「応募に関するQ＆A」……174

本書は2024年3月時点の情報に基づいています。

PART 1

# 応募書類で“自分”を 100パーセント表現する

転職成功への第一歩は
ここから始まる

# 自己分析で自分の〝売り〟を探る

ここをチェック

□転職活動は、「自分＝商品」を売るためのセールス活動。よい結果を得るには、自分のことをよく知ることが大切。
□自己分析で自分の過去を振り返り、アピールポイントを明確にする。

## ●自分を知らなければ売り込みは不可能

転職を決めたら、だれでも求人情報を集めて書類を書こうとします。それはいいのですが、あなたは自分のことをどれだけ知っているでしょうか。

自分を企業に売り込むには、自分のことをよく知らなければなりません。扱う商品を知らない営業マンはいないように、**あなたも、自分という商品を売り込もうとしている一人の営業マン**。それを自覚して、自分自身を知ることから始めましょう。その作業が「自己分析」です。

## ●今までの自分を振り返ってみる

自己分析といっても、むずかしく考える必要はありません。過去の経験を思いつくままに書き出し、そのとき自分がとった行動、経験を通して考えたこと、得たものなどを具体的に文章にしてみればいいのです。

**文字にすることで、自分の考えや行動を客観的にとらえる**ことができます。そして、徐々に、自分とはこういう人間だということが見えてくるはずです。経験に基づいて長所や短所、自慢できる点などをしっかり把握することは、自分を売り込むうえで大切なことです。

## ●自分のスキル、能力も整理する

次に職歴を書き出し、スキルや能力も整理します。資格として認定されたものとは限らず、前の職場で自然と覚えたパソコンスキルなどでもかまいません。

書き出したものすべてが、あなたの「できること」になります。その中でも、「これだけはだれにも負けない」というものは何でしょう。自分の〝売り〟を知って効果的にアピールすることが、転職活動では何よりも重要です。

# 自己分析チェックポイント

**自分を振り返り、過去の出来事を思い出してみる**

↓

◆学生時代
- 一生懸命やったこと
- 得意だったこと
- 印象深い思い出
- 友人関係
- アルバイトで得たもの
- それがどう役に立ったか

⋮

◆社会人になって
- 失敗して困ったこと
- ほめられてうれしかったこと
- つらかったこと
- それをどう乗り越えたか
- 興味を覚えたこと
- 上司や同僚との関係

⋮

↓

**自分がどんな人間だったかを振り返ると
共通する自分が浮かび上がってくる**

↓

◆自分本来の個性
- 長所、短所
- 人にはどう思われているか
  （独りよがりを避けるために、第三者による評価も必要）

↓

◆職歴を整理する
- どんな業種の何という会社か
- どんな業務をどれだけの期間やったか
- どんな成果を上げたか
- 何をしたときに充実感を覚えたか

⋮

◆スキル、能力を整理する
- 持っている資格
- 前職で得たスキル、能力
- 仕事を通して身につけた能力
- 「これだけは人に負けない」ことは？

⋮

↓

**仕事にどう役立てることができるか**

↓

**だから、こんな仕事ができる！**

# 応募書類は自分の〝分身〟と心得よ

ここをチェック

□応募書類は、履歴書、職務経歴書に添え状をつけた3点が基本になる。
□どの書類でも自己PRは可能。採用担当者にいかに上手に自分を伝えるかが大きなカギ。

## ●〝3点セット〟は転職活動の重要書類

募集方法は企業によって異なりますが、基本的に履歴書、職務経歴書、添え状（カバーレター）の３点が応募書類となります。履歴書しか求められていない場合でも、この３つをそろえて提出しましょう。合わせて活用することで、応募書類として強力なものになるからです。

《履歴書》どんな人生をたどってきたのかを簡潔に紹介する、あなたの基礎データ。

《職務経歴書》履歴書では書ききれないデータ以外の要素。これまでに手がけた仕事の内容や実績などを具体的に述べます。

《添え状》履歴書、職務経歴書に添える手紙。まだ見ぬ採用担当者に送る以上、あいさつ状をつけるのは当然のマナーです。

## ●書類は「自分を伝える」大切なツール

書類選考に勝ち残るには、自分がどんなに魅力ある人材であるか、書類上でアピールする必要があります。

### ①履歴書に自己PRを盛り込む

決まった形式のもとに書き込んでいくものですが、「志望動機」欄、「自己紹介」欄などの自由記入スペースは、自己ＰＲの場として使うことができます。

### ②職務経歴書に自己PRを盛り込む

キャリアや実績を中心に記載するように項目を立てられます。どの項目でも自己ＰＲできるので、職務経歴書は最も有効な〝武器〟となります。

### ③添え状に自己PRを盛り込む

書き方は通常のビジネスレターと同じですが、あいさつ文のあとで自己紹介を兼ねて自己ＰＲしたり、志望動機を説明する中でアピールポイントを述べることができます。

# 書類作成の基本ルール

## ❶丁寧に心を込めて書く

字の上手・下手は問題ではない。**一字一句を楷書で丁寧に書いたもの**は、読み手に好印象を与える。スペースに対して大きすぎる字、細かすぎる字にならないように。

## ❷間違えたら書き直す

修正液（修正テープ）で訂正するのはタブー。書き間違えたら、新しい用紙に**全部書き直す**のが誠意あるやり方。一字ずつ慎重に書くようにする。

## ❸誤字・脱字・記入もれに注意する

大切な応募書類でのミスは、注意力のなさを自分で証明しているようなもの。**間違いのない書類づくり**は社会人としての常識。

## ❹事実を正確に書く

自分に都合のいいように、事実と異なることを書かないこと。意図的にしたことでなくとも、間違った経歴を書くと**経歴詐称**として問題にされることもある。

## ❺空欄をつくらない

空白が目立つ書類から熱意は伝わってこない。志望する会社に対して前向きな姿勢を示す意味でも、**項目はすべて埋める**こと。

## ❻書き込みすぎない

細かい文字でぎっしり書き込まれた書類は、自分を最大限に伝えようとする熱意は感じさせるものの、簡潔明瞭に表現する能力には欠けている印象を与える。**読みやすい分量**を心がけること。

## ❼筆記用具は黒いインキの万年筆

万年筆で書くのに慣れていない場合は、同じ**黒の水性ペン**でもよい。ボールペンはカスレが生じることもあるので、避けたほうが安心。

## ❽消せるボールペンはNG

もし、ボールペンを使う場合でも、書きかえができるボールペンは使用不可。他人に書きかえられるおそれのある書類、熱で消えてしまうおそれのあるものは、正式な書類とは認められない。

## ❾手書きとパソコンを使い分ける

履歴書は手書きを指示する企業もあるので、**指示がなくても手書き**にしたほうがよい。職務経歴書は字数が多いので、パソコンで作成した読みやすいものが歓迎される。

## ❿書き終えたら読み直す

念には念を入れて何回も読み直し、誤字・脱字はもちろん、**写真の貼り忘れや捺印もれ**がないかもチェックする。

# 応募資格を満たしていない場合の対処法

ここをチェック

□「経験者」でなくても、前職のキャリアが生かせる分野の職種であれば応募の価値はある。

□年齢や学歴が条件に合っていない場合も、フォローのしかたによっては逆に自分を印象づけることになる。簡単にあきらめないこと。

## ●転職者に求められるのは“即戦力”

実務経験のない新卒者が即戦力として期待されることはまずありませんが、転職者に求められるのは、即戦力になれる人材かどうかです。中途採用の場合、評価の対象となるのは、「どんなキャリア、スキルを持ち、いかに即戦力となるか」という点。つまり、応募者のキャリアと会社の求める職務内容が適合していることが大前提で、関連性のない職歴だと、書類選考で外されてしまうこともあります。

企業の中には、求人広告に「経験不問」「未経験者可」などと出しているところもありますが、多くの場合、**各企業の人材ニーズは、即戦力となる経験者に絞られるの**が実状です。転職するにあたっては、そのことをしっかり頭に入れておく必要があります。

## ●マイナスをプラスに変えるフォローを

とはいえ、未経験の分野への挑戦が、まったく可能性ゼロかというと、そうでもありません。経験者であることが絶対の条件になっている技術系では無理ですが、たとえば技術職からセールスエンジニアへというように、前の職場でのキャリアが生かせる分野であれば、可能性は十分あります。あきらめず、書類を有効に使って自己PRに努めましょう。

「今38歳だが、志望会社は年齢制限35歳となっている」「大学中退では『大学卒業以上』の会社は応募できない？」――こうした年齢や学歴が条件を満たしていないケースでも、あきらめることはありません。添え状などでその旨を正直に伝え、同時に「条件を満たす代わりのもの」をアピールするのです。フォローしだいで、マイナスもプラスに変わります。

# こんな場合どうする？—志望企業へのアプローチのしかた

## ❶応募資格に「経験3年以上」とあるが、2年しか経験がない

応募資格に経験年数を明示する企業が増えてきた。こうなると、「条件の年数に1年足りない」「半年足りない」といったケースも出てくるが、こうした場合、まずは企業に、経験年数が不足しても応募可能か問い合わせてみる。

ただし、ただ聞いたのでは断られることもある。中途採用の目的は「**即戦力の確保**」であるから、「**経験年数は少々足りませんが、仕事の内容には、条件の年数に見合うものがあると自負しております。書類を送らせていただいてもよろしいでしょうか**」のように、「**できる自分**」をアピールすることが不可欠。

## ❷年齢制限が設けられている

応募資格の年齢制限は、あくまで1つの基準。それが採用に大きくかかわるわけではないので、あきらめずに当たってみること。採用担当者に電話をして了解を得るか、添え状などで正直に伝えるようにする。この場合も、「**年齢制限より年上なぶんキャリアを積んでいる**」ことのアピールを忘れないように。

＊**平成19年10月より、募集・採用における年齢制限は原則禁止となった**。ただし、例外となる場合がある（158ページ参照）。

## ❸学歴が条件に合わない

たとえば「大学卒業以上」と限定されている場合、専門的分野での職種ではそれが必須条件となるので、資格に合わない人が応募しても期待は薄い。

しかし、**専門的分野以外**であれば、最終学歴後の経歴によっては、逆にアピールになる。学校を出てから何をしてきたか（中退ならその理由や目的も）、どんなことを得て、これからの仕事にどのように役立てたいと考えているかなどを、**職務経歴書や添え状などで明確に伝える**のがポイント。

## ❹希望する分野での経験がない

未経験の分野でも、前職での経験や実績を生かせる分野へのチャレンジなら可能性はある。

しかし、職歴とまったく関連性のない職種に転職を希望する場合は、本格的な求職活動をする前に、**新分野で生かせる資格や技能を身につけたり、アルバイト体験などで実績をつくる**ことが望ましい。「やる気」を伝えても、それを裏づけるものがなければ企業側は納得しない。

# 情報収集で自分に合った企業を選ぶ

ここをチェック

□転職活動では、「自己PR」とともに明確な「志望動機」を持つことが重要。企業研究をすることで、意欲あるものが書けるようになる。
□応募する企業が求める人材を理解し、それに合わせた書類の書き方を工夫する。

## ●「自己PR」と並んで重要な「志望動機」

転職に限らず、就職活動が成功するか否かは、自分で自分をきちんと売り込めるかどうかにかかっています。この自己PRの重要性については、そのつど述べてきました。同様に重要なポイントが、もう一つあります。それは「志望動機」です。

「なぜ当社を志望するのか」は、どの企業でも重視する項目です。**働く意欲がどの程度のものか判断するため**ですが、マニュアルどおりのものを、ところどころ差し換えて書いたのでは、「この会社に入りたい！」という意欲は伝わりません。

## ●企業研究は「志望動機」につながる

本当にその会社に入りたいという気持ちは、自分と合う企業をしっかり選んでこそ起こるものです。

そのためには、企業研究をおろそかにしてはいけません。いろいろな方法で情報を集め、多角的に研究していくと、「この会社でなら自分のやりたい仕事ができそうだ」「何とかしてここに入りたい」というところが見つかるでしょう。そこで初めて、借り物ではない意欲的な「志望動機」が書けるのです。

## ●応募する企業に合わせて書類を作る

応募する企業の人材ニーズを把握したら、書類を作成します。

このとき、**過去の実績や経験を、場合によっては取捨選択することも必要**です。応募企業が興味を示さないことを書いて印象を希薄にするよりも、相手が求めている人材に、自分が適合することを証明するものだけを選んで書いたほうが、アピール度が上がるからです。

魅力ある人材であることを伝えるためには、こうした書き方の工夫も大切です。

# 情報収集・企業研究の方法

●企業の人材ニーズを知る ➡ **就職情報サイト、新聞などの求人広告、企業のホームページなど**

- 応募条件を熟読し、企業がどんな人材を求めているのかをしっかり把握する。
- 就職情報サイトには、企業の基本的な情報（事業内容、会社の概要、待遇など）が見やすくまとめられている。複数の企業を比較検討するのにも便利。

●会社概要・経営方針を知る ➡ **会社案内**

- 「会社案内」（冊子）を取り寄せたり、ホームページ内の「会社案内」を読み、業務内容を調べる。
- 自分の能力、経験が生かせる企業か。
- トップの経営理念、方針、将来のビジョンに共感できるか。
- 待遇、福利厚生、勤務時間などをチェック。自分の希望に合っているか。

●企業の経営状態・将来性を知る ➡ **『会社四季報』（東洋経済新報社）、「日経会社情報デジタル版」（日本経済新聞社）など**

- 株取引のための情報源だが、会社の業績や事業内容、資本関係を知ることができる。上場企業・未上場会社版が掲載され、調べやすい。
- 新規計画、新製品、海外進出などについてもチェックできる。

＊『会社四季報』や「日経会社情報デジタル版」に掲載されていない会社については、各地のweb商工名鑑を参考にするとよい。

＊『週刊ダイヤモンド』（ダイヤモンド社）、『週刊東洋経済』（東洋経済新報社）などは、業界や企業の最新情報を取り上げることが多く、参考になる。

●企業の内情を知る ➡ **志望する企業の関係者、取引先など。可能なら、志望企業の社員とコンタクトを取って、直接に情報を得る**

- 社内の雰囲気はどうか。人間関係は、派閥・学閥はないか。
- 社員の定着率はどうか。平均勤務年数は長いか。
- 人事は公平か。
- 企業全体の評判はどうか。

COLUMN

# 採用担当者は書類で何を見るか

厳しい転職戦線では、志望する会社に書類を送っても、面接まで進むことさえ容易ではありません。応募者の大半は、書類選考であえなく消えてしまうのが現実です。採用担当者は、書類でいったい何を見るのでしょうか。

〈書類の書き方や文章表現が適切か〉

誤字・脱字、記載もれなどの初歩的なミスは問題外です。主に、①必要な情報が項目ごとに的確に述べられているか、②文章がわかりやすく整理され、丁寧に書かれているか、③文章表現に具体性があるか、などの点がチェックされます。

〈書類に〝熱意〟や〝意欲〟が出ているか〉

自己分析がしっかりできていないために、アピールポイントが自分でわかっていない人がいます。こういう人の書類は、志望動機も通り一遍のものになっているので、採用担当者に「つまらない」印象を与えます。

入社したいという思いだけで書いても、「自分が社員となることで何ができるのか」を伝えるものでなければ、入社への熱意、希望職種への意欲といったものは書類から読み取ってもらえません。

〈転職を繰り返していないか〉

企業は、定着性のない人を最も敬遠するものです。転職回数は重要なチェックポイント。2回以上になると、どうしても「何か問題のある人間ではないか」と疑ってかかられるので、回数の多い人は、明確な退職理由を前向きに表現し、応募書類に書くべきです。

〈書いてあることに矛盾はないか〉

職務経歴書では、職歴と退職理由、志望理由などが見られます。それらが一つの〝流れ〟になっていればいいのですが、言っていることがバラバラで矛盾するところがあると、書類として信用性がなくなります。

# PART 2

# 書類選考で光る履歴書の書き方

ちょっとした工夫が
採用担当者の心を動かす

# 通らない履歴書

## 悪い例

履　歴　書　　令和○年　6月　25日現在

ふりがな　はや さか　え り こ
氏　名　早坂 絵里子

平成○年　5月　3日生（満　27　歳）　※男・女（女に丸印）

写真をはる位置
写真をはる必要がある場合
1.縦　36～40　mm
　横　24～30　mm
2.本人単身胸から上
3.裏面のりづけ

ふりがな　とうきょうと　しぶやく　えびす
現住所　〒150-0012
東京都渋谷区恵比寿1-○-○
電話（自宅）03-1234-○○○○

ふりがな
連絡先　〒　（現住所以外に連絡を希望する場合のみ記入）　方
電話（携帯）090-1234-○○○○

| 年 | 月 | 学歴・職歴（各別にまとめて書く） |
|---|---|---|
| | | 学　歴 |
| 平成○ | 3 | 東京都渋谷区立恵比寿小学校卒業 |
| 〃○ | 3 | 〃　恵比寿中学校卒業 |
| 〃○ | 4 | 東京都立渋谷高等学校入学 |
| 〃○ | 3 | 〃　卒業 |
| 〃○ | 4 | 青葉女子大学文学部入学 |
| 〃○ | 3 | 〃　卒業 |
| | | |
| | | 職　歴 |
| 平成○ | 4 | 株式会社ワールド企画 入社 |
| | | 企画調査部に配属 |
| 令和○ | 8 | 一身上の都合により退職 |
| | | 以上 |
| | | |
| | | |
| | | |

記入上の注意　①鉛筆以外の黒または青の筆記具で記入。　②数字はアラビア数字で、文字はくずさず正確に書く。
③※印のところは、該当するものを○で囲む。

| 年 | 月 | 学歴・職歴（各別にまとめて書く） |
|---|---|---|
| | | |
| | | |
| | | |
| | | |
| | | |
| | | |

| 年 | 月 | 免許・資格 |
|---|---|---|
| 平成○ | 8 | 日本漢字能力検定準1級取得 |
| 平成○ | 10 | 普通自動車第一種運転免許取得 |
| | | |
| | | |
| | | |
| | | |

志望の動機、特技、好きな学科など
これまでの経験を生かせる貴社でステップアップしたいと思い、応募いたしました。

通勤時間　約　時間　40分
扶養家族数（配偶者を除く）　0人
配偶者　※有・無（無に丸印）
配偶者の扶養義務　※有・無（無に丸印）

本人希望記入欄（特に給料・職種・勤務時間・勤務地・その他についての希望などがあれば記入）
とくになし

保護者（本人が未成年者の場合のみ記入）
ふりがな
氏　名　　住　所〒　　電話

古紙配合率100%の再生紙を使用しています。　日本法令　労務12　10.7改

日本法令　労務12　10.7改

## 履歴書用紙の選び間違いが失敗の元になる！

**ポイント**

- 「履歴書用紙はどれも同じ」と思っていると、このような失敗を平気でしてしまう。**初めての転職で学歴・職歴欄の広い履歴書用紙を使うのはNG**。白紙部分ばかりが目立って、自己アピール意欲に欠ける印象を与える。
- 書類選考突破の第一歩は、**自分に合う履歴書用紙を選ぶ**こと。大きな文房具店で、数タイプの用紙を見比べてみるとよい。社会人経験の少ない人は、自由記入形式の欄が多いタイプを選んだほうが、伝えたいことをしっかり盛り込める。

# 通る履歴書、

## よい例

No.

**履　歴　書**　　令和○年　6月　25日現在

| | | |
|---|---|---|
| ふりがな　はやさか　えりこ<br>氏　名　早坂　絵里子 | | 写真をはる位置<br>写真をはる必要がある場合<br>1.縦　36〜40 mm<br>　横　24〜30 mm<br>2.本人単身胸から上<br>3.裏面のりづけ |
| 平成○年　5月　3日生（満　27歳） | ※男・女（女に○） | |
| ふりがな　とうきょうと　しぶやく　えびす<br>現住所　〒150-0012<br>東京都渋谷区恵比寿1-○-○ | | ☎（自宅）<br>03-1234<br>-○○○○ |
| ふりがな<br>連絡先　〒　（現住所以外に連絡を希望する場合のみ記入） | | ☎（携帯）<br>090-1234<br>-○○○○ |

| 年 | 月 | 学歴・職歴など（項目別にまとめて書く） |
|---|---|---|
| | | 学　歴 |
| 平成○ | 3 | 東京都渋谷区立恵比寿小学校卒業 |
| 平成○ | 3 | 東京都渋谷区立恵比寿中学校卒業 |
| 平成○ | 4 | 東京都立渋谷高等学校入学 |
| 平成○ | 3 | 東京都立渋谷高等学校卒業 |
| 平成○ | 4 | 青葉女子大学文学部入学 |
| 平成○ | 3 | 青葉女子大学文学部卒業 |
| | | |
| | | 職　歴 |
| 平成○ | 4 | 株式会社ワールド企画入社 |
| | | （キャラクター商品の企画・製作／従業員数120名） |
| | | ・新人研修後、企画調査部に配属。 |
| | | ・主に未就学児童の指向・行動調査業務に |
| | | 携わる。 |
| 令和○ | 8 | 一身上の都合により退職、現在に至る |
| | | 以上 |
| | | |

記入上の注意　①鉛筆以外の黒または青の筆記具で記入。　②数字はアラビア数字で、文字はくずさず正確に書く。　③※印のところは、該当するものを○で囲む。

No.

**自己紹介書**　　令和○年　6月　25日現在

| | | |
|---|---|---|
| ふりがな　はやさか　えりこ<br>氏　名　早坂　絵里子 | とうきょうと　しぶやく　えびす<br>現住所　〒150-0012<br>東京都渋谷区恵比寿1-2-3 | ☎ 自宅<br>03-1234<br>-5678 |

| 年 | 月 | 免許・資格・専門教育 |
|---|---|---|
| 平成○ | 8 | 日本漢字能力検定準1級取得 |
| 平成○ | 10 | 普通自動車第一種運転免許取得 |
| | | |
| | | |
| | | |

その他特記すべき事項
ワードによる書類の作成技術は習得。

| | |
|---|---|
| 得意な学科<br>国語（とくに漢字が好きで、漢字検定1級を取得することが目標です。） | スポーツ<br>テニス（中学・高校・大学と続け、高2のときは関東大会で個人戦2位になりました。） |
| 趣　味<br>読書（ノンフィクションが好きで、月に2〜3冊読んでいます。） | 健康状態<br>良好（体力には自信があります。前職場では無遅刻・無欠勤でした。） |

志望の動機
前職では調査業務が主でしたが、商品開発支援、展示会業務の補佐、取引先との折衝なども積極的に担当してきました。
プランニングから製作、販売まで幅広い事業展開をされている貴社で、トータルな営業に携わりたく、応募いたしました。

| | | |
|---|---|---|
| 本人希望記入欄（特に給料・職種・勤務時間・勤務地その他について希望があれば記入）<br>◦企画営業スタッフ希望<br>◦貴社の配属に従って勤務いたしますが、もし希望配属制度があれば、本社か横浜営業所を希望します。 | 通勤時間<br>約　時間　40分 | |
| | 扶養家族数（配偶者を除く）<br>0人 | |
| | 配偶者<br>※有・無（無に○） | 配偶者の扶養義務<br>※有・無（無に○） |

| | | |
|---|---|---|
| 保護者（本人が未成年者の場合のみ記入）<br>ふりがな<br>氏　名 | 住所　〒 | ☎ |

採用者側の記入欄（志望者は記入しないこと）

古紙配合率100%の再生紙を使用しています。　　日本法令　労務12-13　10.7改

日本法令　労務12-13　10.7改

## アピールしたいことを的確に伝える

**ポイント**

● 採用担当者が、最初に見るのは履歴書。「職務経歴書を添えるから履歴書は簡単に書いていいだろう」と思っていると、取り返しのつかない事態になりかねない。細かい記述は不要だが、自分のアピールポイントを的確に伝えた魅力的な履歴書にしてこそ、相手に職務経歴書を「読んでみよう」という気を起こさせる。

● 自由記入欄を自己PRに有効利用している書類からは、仕事への前向きな姿勢と意欲が感じられる。ここは差別化を図る絶好のスペースだ。

# 人間性が出る履歴書を侮るべからず

ここをチェック

□手書きの文字には、人間性が表れる。履歴書が手書きであることを求められるのはそのためであることを理解して、丁寧に書く。

□職務経歴書まで確実に目を通してもらうために、履歴書を広告として活用する。

## ●注目されるのは応募者の人間性

求職活動につきものの履歴書は、単なる事務的な提出物と思われがちです。しかし、そこに落とし穴があります。

一般に、履歴書は手書きであることが求められます。それは、「文字は人を表す」の言葉どおり、**手書きの文字には、その人の人となりが表れる**からです。字の上手・下手は問題ではありません。

読んでもらうことを意識して、きれいに、丁寧に、読みやすく書かれた書類には、書き手の誠実さ、一生懸命さがこもっています。採用担当者は、そういった人間性を履歴書から読み取ろうとすることを、しっかり頭に入れておきましょう。

## ●履歴書は自分の〝広告〟でもある

通常、履歴書と職務経歴書は一緒に提出しますが、履歴書の内容に魅力を感じないと、採用担当者は職務経歴書に目を通すことなく、不採用とする場合があります。そうなると、どんなに誇れるスキルを持ち、職務経歴書でそれをアピールしても、意味がなくなってしまいます。

履歴書は、あなたという商品の〝広告〟です。職務経歴書を読まずにはいられなくなるような、興味を引く書き方を工夫しましょう。

## ●気をつけたい書類の〝まとめ書き〟

転職者の場合、急な応募に備えて履歴書をまとめて書いておくことも必要です。応募先に合わせて書く欄を残せば、問題ありません。

ただ、あとで記入する際に別のペンを使うと、〝まとめ書き〟が一目瞭然です。ザツな印象を与えるので、**必ず同じペンで、同じ筆圧で書くようにしましょう。** 担当者はしっかり見ているものです。

# 印象に残る履歴書——文章作成のコツ

## ❶短いセンテンスで簡潔にまとめる

長い文章は読みづらく、ポイントもつかみにくくなる。**ムダな言葉は省いて、簡潔明瞭にまとめる**こと。場合によっては、**箇条書き**にすると読みやすく、内容がストレートに伝わる。読み手のことを第一に考えることが大切。

## ❷自分の言葉で表現する

数多くの応募書類を見ている採用担当者には、「マニュアルどおりの表現」や「記入例のまる写し」はすぐわかる。**自分のことは自分の言葉で表現する**こと。とくに志望動機を書くときは、だれでも書けるような言い回しでは自分をアピールできない。

## ❸表現に客観性を持たせる

「貴社のユニークな経営方針にひかれた」などという表現は、本人はそれで十分に思いを伝えたつもりかもしれないが、読み手にとっては漠然としていてわからない。「どのようにユニークで、どうしてひかれたのか」というように、**肝心の中身を客観的に表現する**。

## ❹具体的なエピソードを入れる

採用担当者は、履歴書の内容から応募者の人物像を思い描く。情報量が少なかったり、文章が平板だと描きようがないが、**具体的なエピソード**が入っていると、それを手がかりにイメージできるし、親しみを持って読み進められる。

## ❺数字やデータを入れる

「社内セールスコンテストで上位に入賞した」とするより「営業部員45人中3位の成績で入賞した」と書いたほうが、文章に説得力が出る。情報は、正確かつ具体的に伝えること。

# 履歴書用紙の選び方が採否を左右する

ここをチェック

□履歴書用紙にはさまざまなタイプがあり、記載項目や記入スペースが用紙によって異なる。

□自分に合わない用紙を選ぶと、アピールしたいことがうまく書き込めなかったり、不利な空欄ができたりするので注意が必要。

## ●履歴書用紙はどれも同じではない

履歴書の用紙は、市販されているものを購入して使うのが普通です。文具店に行けば簡単に手に入りますが、どれも同じと思っている人が少なくありません。

市販されている用紙は、**Ｂ４二つ折りのＢ５サイズが主流ですが、Ａ３二つ折りのＡ４サイズも見られます。**記載項目は、左側を見る限り、どの用紙もほぼ同じです。

しかし、右側は、記載項目も自由記入スペースも、用紙によって大きく違います。

## ●自分に不利な用紙を選ばない

**履歴書でいちばんベーシックなのは、ＪＩＳ規格のもの**です。「学歴・職歴」欄が広いので、社会人経験の長い人には向いています。そうでない人の場合は、どうしてもムダな空白ができがちになり、向いている用紙とはいえません。「学歴・職歴」よりも、自己ＰＲができる自由記入スペースを広くとったタイプを選んだほうがよいでしょう。

履歴書用紙は、どれを選ぶかは自由です。わざわざ自分に不利なものを選ぶ必要はありません。

## ●自分をアピールできる用紙を

履歴書用紙を選ぶときは、**自分がアピールしたい項目が入っているか、必ずチェック**します。どのくらいのスペースかも確認しましょう。

キャリアが浅い人の場合は、自由記入スペースが広いタイプか、用紙の右側が「自己紹介書」になっているタイプが適しています。

転職回数の多い人は、それを説明するために退職理由を書き込めるスペースのあるもの、資格を必要とする職種の人は、「免許・資格」欄が広いものを選ぶとよいでしょう。

# 履歴書用紙の種類と特徴

## ❶「JIS規格」の履歴書用紙

「学歴・職歴」が広いのが特徴。ここの部分のデータが多い人に適している。

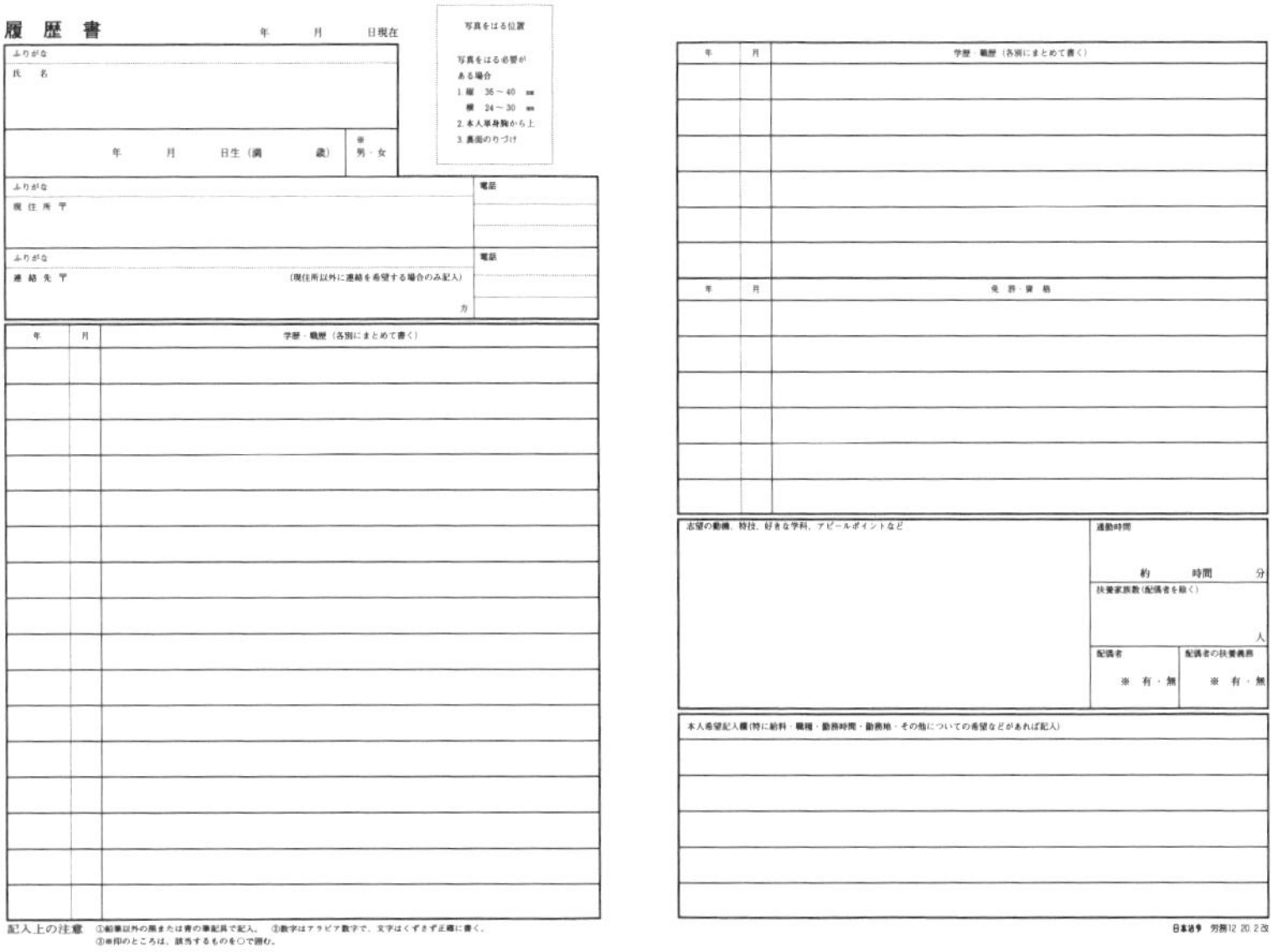
履　歴　書　　年　月　日現在
写真をはる位置
写真をはる必要がある場合
1.縦　36～40 ㎜
　横　24～30 ㎜
2.本人単身胸から上
3.裏面のりづけ
ふりがな
氏　名
年　月　日生（満　歳）
※
男・女
ふりがな
現住所 〒
電話
ふりがな
連絡先 〒　（現住所以外に連絡を希望する場合のみ記入）
方
電話
年　月　学歴・職歴（各別にまとめて書く）
記入上の注意　①鉛筆以外の黒または青の筆記具で記入。　②数字はアラビア数字で、文字はくずさず正確に書く。
③※印のところは、該当するものを○で囲む。
年　月　学歴・職歴（各別にまとめて書く）
年　月　免許・資格
志望の動機、特技、好きな学科、アピールポイントなど
通勤時間
約　時間　分
扶養家族数（配偶者を除く）
人
配偶者
※　有・無
配偶者の扶養義務
※　有・無
本人希望記入欄（特に給料・職種・勤務時間・勤務地・その他についての希望などがあれば記入）
日本法令　労務12 20.2改

日本法令　労務12

## ❷「転職者用」の履歴書用紙

最終学歴のみを記入するもので、「退職理由」欄が大きく設けられている。

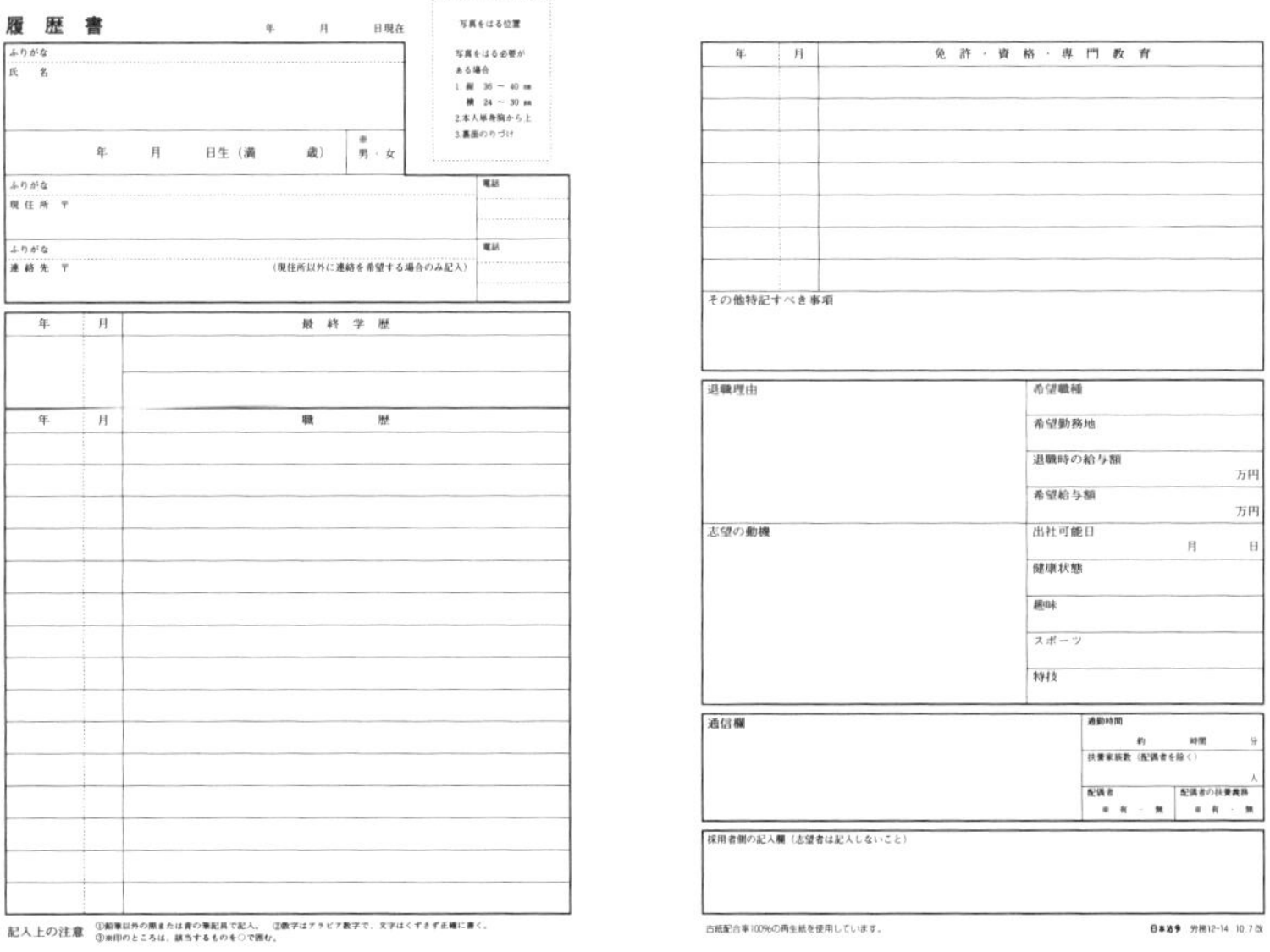
履　歴　書　　年　月　日現在
写真をはる位置
写真をはる必要がある場合
1.縦　36～40 ㎜
　横　24～30 ㎜
2.本人単身胸から上
3.裏面のりづけ
ふりがな
氏　名
年　月　日生（満　歳）
※
男・女
ふりがな
現住所 〒
電話
ふりがな
連絡先 〒　（現住所以外に連絡を希望する場合のみ記入）
電話
年　月　最終学歴
年　月　職　歴
記入上の注意　①鉛筆以外の黒または青の筆記具で記入。　②数字はアラビア数字で、文字はくずさず正確に書く。
③※印のところは、該当するものを○で囲む。
年　月　免許・資格・専門教育
その他特記すべき事項
退職理由
希望職種
希望勤務地
退職時の給与額　万円
希望給与額　万円
志望の動機
出社可能日　月　日
健康状態
趣味
スポーツ
特技
通信欄
通勤時間
約　時間　分
扶養家族数（配偶者を除く）
人
配偶者
※　有・無
配偶者の扶養義務
※　有・無
採用者側の記入欄（志望者は記入しないこと）
古紙配合率100%の再生紙を使用しています。
日本法令　労務12-14 10.7改

日本法令　労務12-14

## ❸「自覚している性格」欄がある履歴書用紙

職歴が少ない人は、ここで仕事に対する適性や可能性を自己アピールできる。

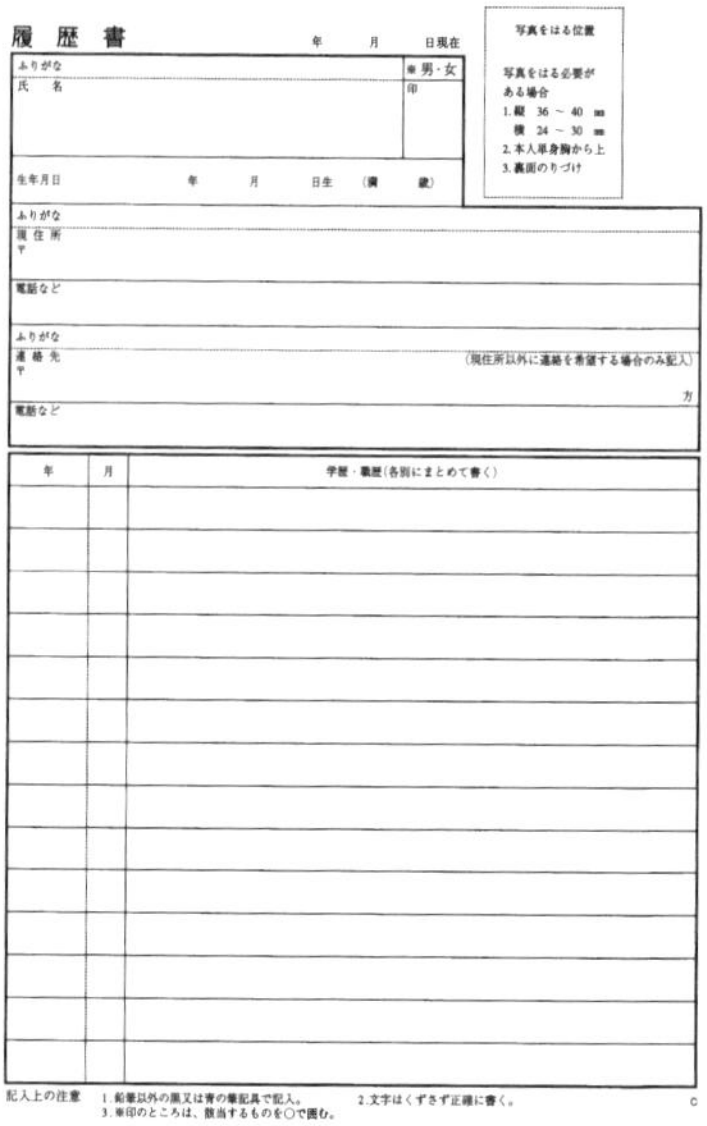
履 歴 書　年　月　日現在

写真をはる位置

写真をはる必要がある場合
1.縦 36 ~ 40 ㎜
　横 24 ~ 30 ㎜
2.本人単身胸から上
3.裏面のりづけ

ふりがな
氏　名
※男・女
印
生年月日　年　月　日生（満　歳）
ふりがな
現住所
〒
電話など
ふりがな
連絡先
〒
（現住所以外に連絡を希望する場合のみ記入）
方
電話など

| 年 | 月 | 学歴・職歴（各別にまとめて書く） |
|---|---|---|

記入上の注意　1.鉛筆以外の黒又は青の筆記具で記入。　2.文字はくずさず正確に書く。
3.※印のところは、該当するものを○で囲む。

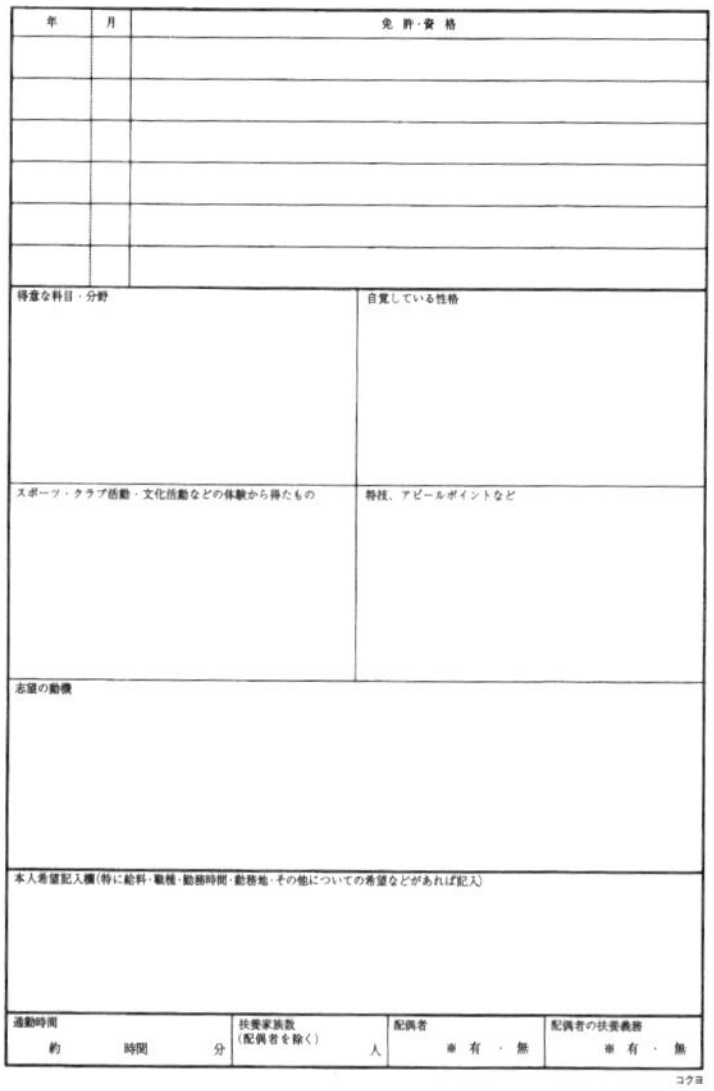

| 年 | 月 | 免許・資格 |
|---|---|---|

得意な科目・分野
自覚している性格
スポーツ・クラブ活動・文化活動などの体験から得たもの
特技、アピールポイントなど
志望の動機
本人希望記入欄（特に給料・職種・勤務時間・勤務地・その他についての希望などがあれば記入）
通勤時間　約　時間　分
扶養家族数（配偶者を除く）　人
配偶者　※有・無
配偶者の扶養義務　※有・無

コクヨ

コクヨS&T　シン-3

## ❹右側を「自己紹介書」として別立てにした履歴書用紙

「趣味」や「スポーツ」欄もあるので、職歴以外のアピールをしたり、志望職種への適性を自己アピールできる。

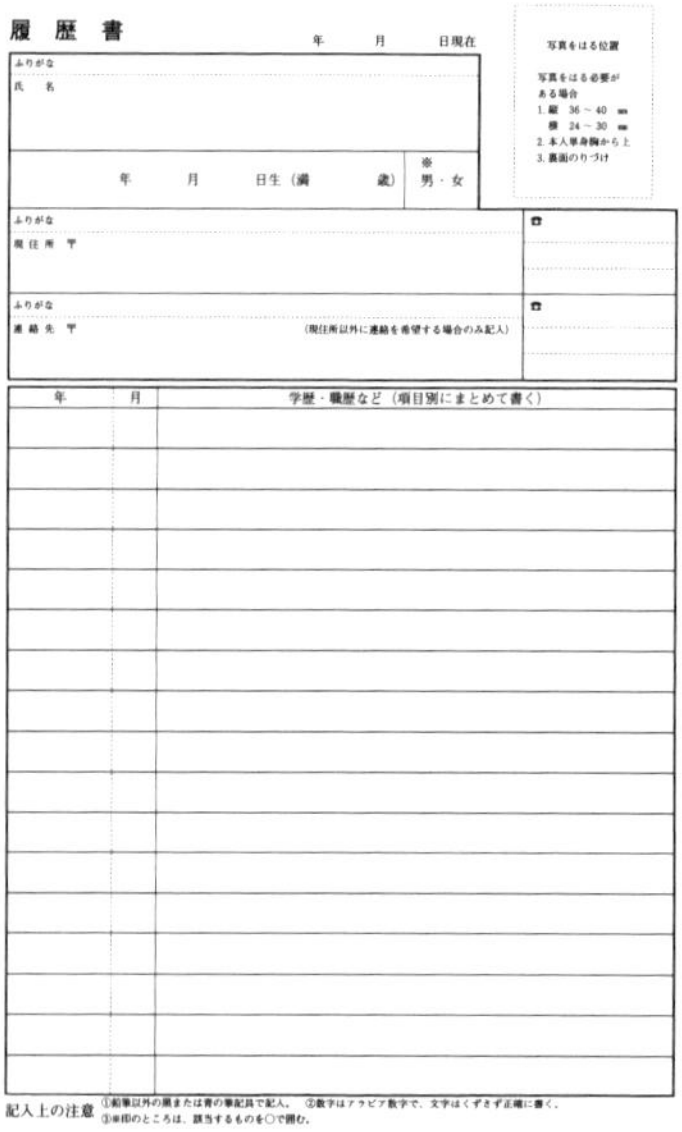
履 歴 書　年　月　日現在

写真をはる位置

写真をはる必要がある場合
1.縦 36 ~ 40 ㎜
　横 24 ~ 30 ㎜
2.本人単身胸から上
3.裏面のりづけ

ふりがな
氏　名
年　月　日生（満　歳）
※
男・女
ふりがな
現住所 〒
☎
ふりがな
連絡先 〒
（現住所以外に連絡を希望する場合のみ記入）
☎

| 年 | 月 | 学歴・職歴など（項目別にまとめて書く） |
|---|---|---|

記入上の注意　①鉛筆以外の黒または青の筆記具で記入。　②数字はアラビア数字で、文字はくずさず正確に書く。
③※印のところは、該当するものを○で囲む。

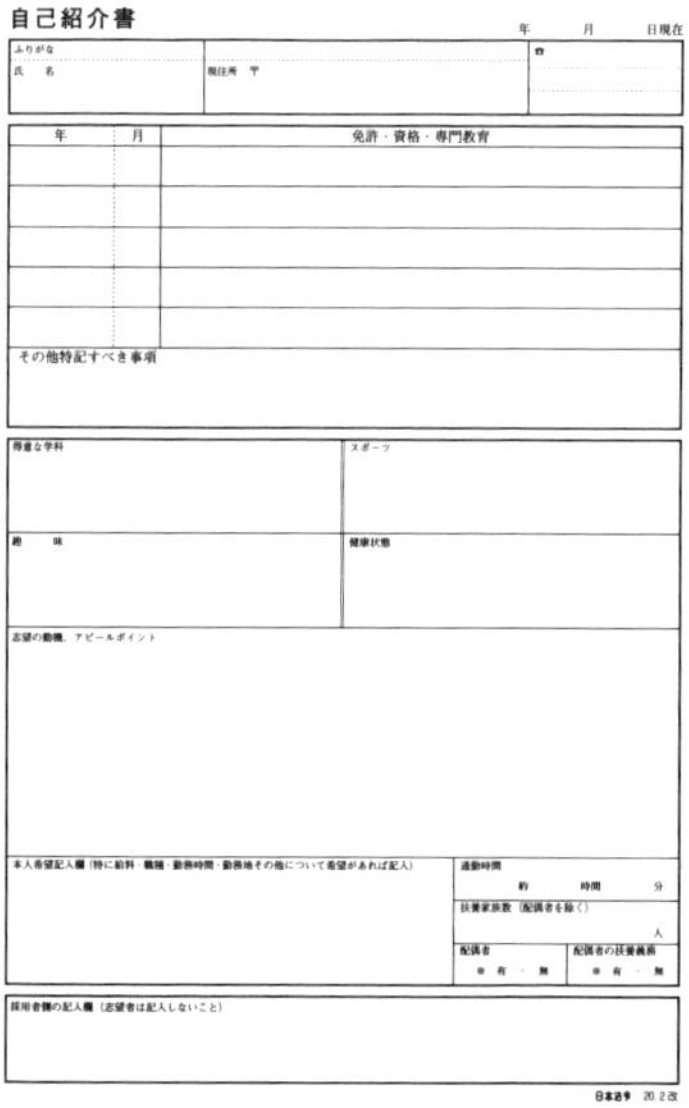
自己紹介書　年　月　日現在

ふりがな
氏　名
現住所 〒
☎

| 年 | 月 | 免許・資格・専門教育 |
|---|---|---|

その他特記すべき事項
得意な学科
スポーツ
趣　味
健康状態
志望の動機、アピールポイント
本人希望記入欄（特に給料・職種・勤務時間・勤務地その他について希望があれば記入）
通勤時間　約　時間　分
扶養家族数（配偶者を除く）　人
配偶者　※有・無
配偶者の扶養義務　※有・無
採用者側の記入欄（志望者は記入しないこと）

日本法令　20.2改

日本法令　労務12-13

## ❺「自由記入スペース」が広い履歴書用紙

転職回数が多いなどのハンディがある場合、広いスペースを使って、それをカバーする自己アピールができる。

履　歴　書　　年　月　日現在

写真をはる位置
写真をはる必要がある場合
1. 縦 36 ～ 40 mm
横 24 ～ 30 mm
2. 本人単身胸から上
3. 裏面のりづけ

ふりがな
氏　名　　※男・女　　印
生年月日　年　月　日生（満　歳）
ふりがな
現住所 〒
電話など
ふりがな
連絡先 〒　（現住所以外に連絡を希望する場合のみ記入）　方
電話など

| 年 | 月 | 学歴・職歴（各別にまとめて書く） |
| --- | --- | --- |

記入上の注意　1. 鉛筆以外の黒又は青の筆記具で記入。　2. 文字はくずさず正確に書く。
3. ※印のところは、該当するものを○で囲む。

| 年 | 月 | 免許・資格 |
| --- | --- | --- |

志望の動機
スポーツ・クラブ活動・文化活動などの体験から得たもの
特技など
本人希望記入欄（特に給料・職種・勤務時間・勤務地・その他についての希望などがあれば記入）

| 通勤時間 | 扶養家族数（配偶者を除く） | 配偶者 | 配偶者の扶養義務 |
| --- | --- | --- | --- |
| 約　時間　分 | 人 | ※有・無 | ※有・無 |

採用者側記入欄（志望者は記入しないこと）

リサイクルペーパーを使用しております。　コクヨ

コクヨ　シン56-N

## ❻A4半（A3・2つ折り）の履歴書用紙

文書保管の主流であるA4サイズの履歴書。この大きさでも、履歴書を折りたたまずに入れられる大型封筒がついているものがある。性別欄を除いた仕様。

履　歴　書　　年　月　日現在

写真をはる位置
写真をはる必要がある場合
1. 縦 36～40mm
横 24～30mm
2. 本人単身胸から上
3. 裏面のりづけ

ふりがな
氏　名
年　月　日生（満　歳）
ふりがな
現住所 〒　　電話
ふりがな
連絡先 〒　（現住所以外に連絡を希望する場合のみ記入）　方　　電話

| 年 | 月 | 学歴・職歴（各別にまとめて書く） |
| --- | --- | --- |

記入上の注意　1. 鉛筆以外の黒又は青の筆記具で記入。　2. 数字はアラビア数字で、文字はくずさず正確に書く。
3. ※印のところは、該当するものを○で囲む。

| 年 | 月 | 学歴・職歴（各別にまとめて書く） |
| --- | --- | --- |

| 年 | 月 | 免許・資格 |
| --- | --- | --- |

志望の動機、特技、好きな学科、アピールポイントなど
通勤時間　約　時間　分
扶養家族数（配偶者を除く）　人
配偶者　※有・無　　配偶者の扶養義務　※有・無

本人希望記入欄（特に給料・職種・勤務時間・勤務地・その他についての希望などがあれば記入）

コクヨ

コクヨ　シン-5DJ

# 「基本データ」の書き飛ばしはミスの元

ここをチェック

□冒頭欄は、いわば第一印象になるところ。基本だからこそ、ミスのないように注意する。

□現住所以外の連絡先として、現在の勤務先を指定するのは非常識。留守番電話やＦＡＸなどを記しておけば、それで連絡がとれないということはない。

### ●〝初対面〟のあいさつは心をこめて

面識のない採用担当者に与える「第一印象」は、少しでもよくしたいものです。

冒頭の氏名・住所・電話番号などの基本データは、ふだん書き慣れているだけに、つい書き飛ばしてしまいがちですが、あいさつをしているつもりで、心をこめて丁寧に記入しましょう。

最も基本的な情報を書くうえでのミスは、それだけで落とされることはないにしても、大きなマイナスとなります。気を抜くのは禁物です。

### ●押印欄があるとき捺印は最初に

最近の市販の履歴書用紙には押印欄のないものが増えてきていますが、用紙にその欄がある場合は、必ず最初に印鑑を押します。すべてを記入し終わってから捺印するのは、捺印が失敗した場合に全部書き直さなければならなくなるので、避けたほうが賢明です。

### ●現在の勤務先を「連絡先」にしない

「連絡先」は、「現住所」と同じであれば、記入の必要はありません。「現住所以外に連絡を希望する場合のみ記入」とただし書きがあるにもかかわらず「現住所」と同じ住所・電話番号を書き込むのは、注意力欠如と思われてもしかたありません。

一人暮らしで実家の連絡先を記入する人の場合は、あらかじめ家族に、応募している企業のことを話しておくことが必要です。

現在の勤務先を「連絡先」に指定するのは、常識的に考えて好ましいとはいえません。

携帯電話やＥメールなどを記載しておけば、連絡がとれなくなるといった不都合なことは起こらないはずです。

# 基本データの書き方

## ❶日付は提出あるいは郵送する日

書類を書いた日ではなく、持参する場合は提出する日、郵送の場合はポストに入れる日を記入する。年号の部分は何も書かれていないので、「令和○年」と元号を入れる。外資系企業の場合は、「20××年」と西暦年にしたほうがよい場合もある。

## ❷戸籍どおりの氏名を記入

氏名は、戸籍に登録されている文字で書く。ふだん「黒沢」などと略字を使っていても、戸籍で「黒澤」となっていれば、そのように記入する。ほかの項目よりも大きめに、楷書で書くこと。

## ❸ふりがなの表記は用紙に合わせる

用紙に「ふりがな」とあればひらがなで、「フリガナ」とあればカタカナで書く。氏名にひらがなやカタカナが混じっている場合も、ふりがなは省略しないできちんとふること。

## ❹生年月日は元号から書き出す

「昭和」「平成」の元号から書くが、最初の日付で西暦を使った場合は、この生年月日と学歴・職歴も西暦を使って表記を統一しなければならない。満年齢は、書類を提出する時点で何歳かを書く。

履　歴　書　　令和○年　9月　10日現在

ふりがな　かた　おか　　けん　や
氏　名
片岡　研也

平成○年　6月　7日生（満　26歳）　※男・女

| | |
|---|---|
| ふりがな　とうきょうと　まちだし　なるせ　まちだ | 電話 |
| 現住所　〒194―0012<br>東京都町田市成瀬1丁目×番×号町田ハイツ301号 | 090―12××―34×× |
| ふりがな | 電話 |
| 連絡先　〒　（現住所以外に連絡を希望する場合のみ記入）<br>E-mail : Kataoka@kihonxx.xx　方 | |

## ❺該当部分を丁寧に囲む

該当する性別をマルでしっかり囲む。無造作に流れているようなマルは真剣みに欠けるので、丁寧に書くこと。

## ❻都道府県名を省略しない

住所は、都道府県名から番地まで正確に書く。アパートやマンションの場合は、その名前と部屋番号まで記入する。ふりがなも氏名欄と同様に書くが、番地部分は省略してかまわない。郵便番号の書き忘れに注意。

## ❼普段連絡がとれる番号を

普段から連絡がとれる番号を書く。固定電話の番号を書く場合、市外局番から書くのがルール。固定電話がない場合、携帯電話の番号でよい。

## ❽実家などを指定するときは事前に説明を

現住所以外に連絡先があるときに書く。実家や親戚宅を指定するときは、応募企業から連絡が入るかもしれない旨を必ず伝えておく。携帯電話やEメールアドレスがあれば、緊急の場合の連絡先として記入する。とくに一人暮らしの場合、応募者と連絡がとれなくて採用担当者が困らないように、連絡の方法はすべて記入しておくとよい。

# 「写真」は唯一のビジュアル情報

ここをチェック

- □履歴書の写真も、あなたの大切な情報の一つ。与える印象が強いので、写真の出来にはこだわりを持つこと。写真館などでプロのカメラマンに撮ってもらうのがベスト。
- □写真は、履歴書を書き終えてから貼る。カットやノリづけのしかたにも注意が必要。

## ●〝面接〟は写真で始まっている

文字ばかりの情報の中で、真っ先に目につくのが写真です。インパクトが強いだけに、出来の悪い写真は絶対に使わないいくらいの気構えが必要です。

履歴書に写真を貼るのは常識ですが、社会人にもかかわらず、写真のない履歴書を送る人は意外に少なくありません。

写真は、あなたに代わって「面接」を受ける重要なもの。〝顔〟のない履歴書を送るようなことをしては、採用は望めません。

## ●手間と費用を惜しまずに

「履歴書にスナップ写真を切り抜いて貼ってくるような人とは会う気にならない」と採用担当者も言っているように、いいかげんな写真を履歴書に使うのは厳禁です。

履歴書の写真は、言うまでもなく自分を売り込むためのものです。手間と費用が多少かかっても、写真館などに行って必ずプロに撮影してもらいましょう。スピード写真では、出来上がりの印象が明らかに違います。また、スマートフォンで撮った写真も使ってはいけません。

## ●貼るのは書類を書き終えてから

**原則として、写真は最近3か月以内に撮影したものを使います。カラーでもモノクロでもかまいませんが、応募企業が複写コピーする場合もあり、モノクロ写真を使用したほうがよい**とされています。

履歴書を書き間違えないとも限らないので、写真はすべてを書き終えてから最後に貼ります。写真を指定サイズにカットするときは切りすぎないように、また、ノリづけするときは周囲を汚さないように、細心の注意をはらいましょう。

# 写真で好印象を与えるポイント

◆服　装

スーツ、ワイシャツ、ネクタイが原則。ジャケットでもよいが、中に着るものは柄ものシャツ、Tシャツ、セーターなどは避け、**白いシャツ**を。淡い色の服は背景に溶け込んでしまうので、**スーツ、ジャケットとも黒か紺など濃い色**を着用。ネクタイは派手な柄は避ける。撮影前にゆがみをチェックすること。

◆ヘアスタイル

ボサボサした頭でだらしなく見えないように、きれいになでつけるか短めにカット。シャープな印象を与えるように心がける。

◆ヘアスタイル

髪が頬や肩にかからないようにする。重苦しく見えるので、長い髪は後ろでまとめてすっきりさせる。パーマヘアの場合、あまりボリュームを出さないように。

◆メイク

ノーメイクは避ける。とくにモノクロ写真の場合、メリハリをつけるために**ファンデーション**はしっかり塗る。**口紅も濃い色**を選ぶ。ただし、濃すぎる化粧はNG。健康的なメイクを心がける。

◆服　装

スーツかジャケットにブラウスを着用する。**ブラウスは白**が基本。レースやフリルを多用したもの、透ける素材のものは、新しい仕事に向けての気合いが足りない印象を与えるのでNG。**スーツ、ジャケットは、V字開きのエリ**のほうが全体的にすっきりする。アクセサリーはつけない。

# 「学歴」は見やすく、正確に記入

ここをチェック

□転職者の場合、新卒者ほど学歴は重視されないといわれているが、アピールポイントになるものは具体的に記述して、自己PRの根拠にする。

□中途退学をした場合はマイナス印象を与えがち。中退理由を必ず記載することが大切。

## ●人と違う経験は自己アピールにつなげる

「転職者用」として市販されている履歴書用紙の学歴欄は、最終学歴から書き込むようになっています。

中途採用の場合、新卒者ほど学歴は重視されず、注目されるのは仕事の実績と能力だからですが、学歴に他人と差別化できるポイントがあるときは、それを利用しない手はありません。

たとえば、**最終学歴は文系大学でも工業高校出身の場合、応募企業によっては、その経歴をアピールすることで評価される**こともあります。書類選考で少しでも有利になると思われることは、卒業論文のテーマなどでも具体的に記述しましょう。

## ●マイナス部分は明確な理由でカバー

浪人や留年などの期間は、あえて記入する必要はありませんが、中途退学をした場合は、卒業の場合と同様に学歴欄に中退の年次、学校名を記入します。中退に至った理由も、必ずひと言書き添えます。

どうしてもマイナスの印象がある中途退学は、「最後までやり遂げることができない、いいかげんな人間」というイメージを採用側に抱かせてしまいます。理由についてきちんと説明を加えることは、そうした印象を払拭するために重要なことです。

## ●名称は省略しないで書く

通常、学歴は、小学校と中学校は卒業年月のみ、高校からは入学年月と卒業年月の両方を記入します。**同じ名称を繰り返し書くこともありますが、「〃」などの略記号を使うのはルール違反**です。

すべてを書き込むと文字でびっしりになりますが、学校名に続けて書く「入学」や「卒業」を少し離して記入すると、見やすくなります。

# 学歴欄の書き方

## 〈基本の書き方〉

**❶1行目の中央に「学歴」と書く**
最初の行の中央に、文字の間を1～2文字分あけて「学歴」と記入し、小学校卒業から最終学歴まで年代順に書いていく。

**❷数字は正確に**
社会人経験の長い人ほど、卒業年などを間違えやすい。データ部分でつまらないミスをしないように注意。

**❸すき間を設けて見やすく**
記入スペースが漢字でいっぱいになるので、少しでも見やすくするために、「入学」「卒業」の文字をやや離して書く。

| 年 | 月 | 学歴・職歴（各別にまとめて書く） |
|---|---|---|
| | | 学　歴 |
| 平成△ | 3 | 岩手県盛岡市立青山第一小学校 卒業 |
| 平成△ | 3 | 岩手県盛岡市立青山中学校 卒業 |
| 平成△ | 4 | 岩手県立盛岡高等学校 入学 |
| 平成○ | 3 | 岩手県立盛岡高等学校 卒業 |
| 平成○ | 4 | 日本学院大学政経学部経済学科 入学 |
| | | 国際経済・ビジネス専攻 |
| 令和○ | 3 | 日本学院大学政経学部経済学科 卒業 |
| | | 卒業論文「アジア経済の国際化とマーケティング理論」 |
| | | |

**❹学校名は省略しない**
省略した通称ではなく、必ず正式名称を書く。「○○高等学校」は「○○高校」と書いてしまうことが多いので注意。国公立の場合は、「○○県立」「○○市立」とすることも忘れない。合併などで名称変更があった場合は新名称で記入し、「○○高等学校(旧○△高等学校)」のように、かっこ書きで旧名称を書く。

**❺学部・学科・専攻を記す**
専門学校・短大・大学の場合は、「学部」や「学科」、「専攻」を記入するのが基本。

**❻アピールポイントは忘れず記入**
「卒業論文」や「研究テーマ」などで、仕事に関連があると思われるものは記入して、自己アピールにつなげる。

## 〈中退した場合の書き方〉

### ❶「卒業」と書く位置に「中退」と記入

中退した年月に続いて学校名を書き、通常「卒業」と書くところに「中退」と記入する。

### ❷中退理由は必ず書き入れる

中退ということで読み手が持つマイナスイメージを、できるだけプラスに変えるような「やむを得ない事情」を明記する。

| 年 | 月 | 学歴・職歴（各別にまとめて書く） |
|---|---|---|
| | | 学　歴 |
| 平成△ | 3 | 千葉県千葉市立美浜小学校 卒業 |
| 平成△ | 3 | 千葉県千葉市立幸町中学校 卒業 |
| 平成△ | 4 | 私立聖和学院高等学校 入学 |
| 平成△ | 3 | 私立聖和学院高等学校 卒業 |
| 平成△ | 4 | 東和大学文学部国文学科 入学 |
| | | 映像・演劇・メディア専攻 |
| 令和○ | 5 | 東和大学文学部国文学科 中退 |
| | | ［理由］父親が大病を患い、長期入院したため、 |
| | | 家業を手伝うべく退学を決意。 |

## 〈留学経験がある場合の書き方〉

### 留学先を具体的に記入

留学した時期と国名、学校名などを書き入れる。

| | | |
|---|---|---|
| 平成△ | 4 | 私立明光学園高等学校 入学 |
| 平成△ | 6 | 平成○年6月～平成○年3月アメリカ合衆国アラバマ州立 |
| | | モービルハイスクール 第10学年に留学 |
| 平成○ | 3 | 私立明光学園高等学校 卒業 |
| 平成○ | 4 | 東西大学文学部英文学科 入学 |
| | | イギリス文学専攻 |
| 令和○ | 3 | 東西大学文学部英文学科 卒業 |
| | | 卒業論文「イギリス文学におけるシェークスピア作品の |
| | | 影響」 |

# 卒業年度早見表

| 生まれた年 | 小学校卒業 | 中学校卒業 | 高校卒業 | 大学卒業 |
|---|---|---|---|---|
| 平成14年 | 平成27年 | 平成30年 | 令和3年 | 令和7年 |
| 平成13年 | 平成26年 | 平成29年 | 令和2年 | 令和6年 |
| 平成12年 | 平成25年 | 平成28年 | 平成31年 | 令和5年 |
| 平成11年 | 平成24年 | 平成27年 | 平成30年 | 令和4年 |
| 平成10年 | 平成23年 | 平成26年 | 平成29年 | 令和3年 |
| 平成9年 | 平成22年 | 平成25年 | 平成28年 | 令和2年 |
| 平成8年 | 平成21年 | 平成24年 | 平成27年 | 平成31年 |
| 平成7年 | 平成20年 | 平成23年 | 平成26年 | 平成30年 |
| 平成6年 | 平成19年 | 平成22年 | 平成25年 | 平成29年 |
| 平成5年 | 平成18年 | 平成21年 | 平成24年 | 平成28年 |
| 平成4年 | 平成17年 | 平成20年 | 平成23年 | 平成27年 |
| 平成3年 | 平成16年 | 平成19年 | 平成22年 | 平成26年 |
| 平成2年 | 平成15年 | 平成18年 | 平成21年 | 平成25年 |
| 昭和64年・平成元年 | 平成14年 | 平成17年 | 平成20年 | 平成24年 |
| 昭和63年 | 平成13年 | 平成16年 | 平成19年 | 平成23年 |
| 昭和62年 | 平成12年 | 平成15年 | 平成18年 | 平成22年 |
| 昭和61年 | 平成11年 | 平成14年 | 平成17年 | 平成21年 |
| 昭和60年 | 平成10年 | 平成13年 | 平成16年 | 平成20年 |
| 昭和59年 | 平成9年 | 平成12年 | 平成15年 | 平成19年 |
| 昭和58年 | 平成8年 | 平成11年 | 平成14年 | 平成18年 |
| 昭和57年 | 平成7年 | 平成10年 | 平成13年 | 平成17年 |
| 昭和56年 | 平成6年 | 平成9年 | 平成12年 | 平成16年 |
| 昭和55年 | 平成5年 | 平成8年 | 平成11年 | 平成15年 |
| 昭和54年 | 平成4年 | 平成7年 | 平成10年 | 平成14年 |
| 昭和53年 | 平成3年 | 平成6年 | 平成9年 | 平成13年 |
| 昭和52年 | 平成2年 | 平成5年 | 平成8年 | 平成12年 |
| 昭和51年 | 平成元年 | 平成4年 | 平成7年 | 平成11年 |

＊早生まれ（1～3月生まれ）の人は、卒業年度が１年繰り上がる。
＊浪人や留年をした人も、表のとおりにはならないので注意する。

# 「職歴」は自分に興味を持たせる重要項目

ここをチェック

□職歴欄は、あなたの〝商品価値〟をアピールする重要な項目になる。会社名の羅列だけではなく、具体的なキャリアや業績を伝えることが大切。
□応募企業で役立ちそうな知識や経験は、もらさず書いてアピールポイントにする。

## ●会社名の羅列だけではアピール度ゼロ

採用担当者は、あなたの〝商品価値〟がどの程度のものか、職歴欄から読み取ろうとします。

この職歴欄は転職者にとって最も重要な項目の一つだけに、これまで勤務した会社名をただ羅列するだけといった書き方は、絶対に避けなければなりません。

「今までどのような業界で、どのような仕事をしてきたのか」がまったく伝わらない履歴書では、使える人材かどうか、採用側も判断のしようがないからです。

## ●職歴の〝売り〟を明確に伝える

中途採用の場合、職務経歴書をつけるのが基本ですが、応募者が多いときは履歴書だけでふるい分けされるケースもあります。職務経歴書まできちんと目を通してもらうには、履歴書の職歴欄を、採用担当者の興味をひく内容にすることが必須です。

相手が知りたいのは、応募者の何が自分たちのところで役に立つかということですから、応募先で使える知識や経験がないか、自分の職歴から考えてみましょう。あれば、できる限りそれをクローズアップして、積極的にアピールします。

## ●売り込む要素があるものはすべて記載

職歴は、正社員としてのものとは限りません。**アルバイトやパートでも、応募企業に役立つ実務経験を積んだ場合は、十分アピールする価値があります。期間にかかわらず、記述しておくべき**です。

また、応募企業と職歴に共通点が何もないような場合でも、自分がやってきた仕事を応募先に合わせて考えると、役に立つ知識や実務はけっこうあるものです。

# 職歴欄の書き方

## 〈基本の書き方〉

### ❶1行空けて書き始める

学歴を書き終えたら、1行空けて中央に「職歴」と記入する。スペースに余裕がない場合は、空けなくてもかまわない。

### ❷会社の簡単な説明を加える

会社名だけでは何の業種かわからないような場合は、事業内容と規模などを書き添える。

| | | |
|---|---|---|
| 平成○ | 3 | 帝都大学経済学部経済学科卒業 |
| | | |
| | | 職　歴 |
| 平成○ | 4 | 株式会社ABA商会　入社 |
| | | （事務用品の製造販売：従業員数約800名） |
| | | ・新人研修後、池袋支店営業部販売二課に配属 |
| | | ・主としてOA機器の販売を担当 |
| 平成○ | 10 | 営業部販売二課主任に昇格 |
| 平成○ | 3 | 横浜支店営業部販売一課に異動 |
| | | ・法人向けのOA機器および関連消耗品の販売を担当 |
| 令和○ | 1 | 一身上の都合により退職 |
| 令和○ | 9 | 株式会社○○○ホーム　入社 |
| | | （住宅総合リフォーム業：従業員数約280名） |
| | | ・新人教育研修後、町田営業所に配属 |
| | | ・一戸建て住宅を対象としたリフォームの提案営業に従事 |
| 令和○ | 6 | 現在に至る |
| | | 以上 |

### ❸配属部署のほか、担当業務も記入

年代順に、配属部署や担当した業務、役職を記す。スペースに限りがあるので、業務内容は簡潔に。

### ❹退職理由はここでは説明不要

退職理由は、自己都合なら「一身上の都合により退職」、会社の都合でやめた場合は「会社都合により退職」と記入する。理由については、退職理由欄か職務経歴書で記述。

### ❺在職中の場合は退職予定日も書き入れる

退職予定日が決まっているなら、「○月○日退職予定」と必ず入れるようにする。

### ❻最後は「以上」で締めくくる

必要な情報を記入したら、次の行の右端に「以上」と書き入れる。

## 〈社会人キャリアが浅い場合の職歴〉

### ❶研修の内容を具体的に

社会人キャリアが浅い場合は、社員研修の内容を記述して社会人としての基礎訓練ができていることをアピールする。スキルの一つとして認められることもある。

### ❷応募先に合わせて職歴をアピール

志望する仕事に関係した業務をクローズアップすることで、役立つ実務経験を持っていることを示す。

| | | 職　歴 |
|---|---|---|
| 平成○ | 4 | アジア物産株式会社 入社 |
| | | （雑貨輸入販売：従業員数約1600名） |
| | | 新人研修を4週間受講。接客マナー、電話応対などの |
| | | ビジネスマナー、業務内容や商品全般の知識、 |
| | | OA操作などを学ぶ。 |
| 平成○ | 5 | 営業部販売促進課に配属 |
| | | 営業サポートとして、新規顧客の開拓業務を担当。 |
| | | 得意先の店舗を中心に販売実態の情報収集も行う。 |
| 令和○ | 11 | グループ会社（株式会社アジエンス）に出向 |
| | | 組織変更により販売要員として配属。 |
| 令和○ | 5 | 一身上の都合により退職予定 |
| | | （5月31日まで在職） |
| | | 以上 |

### ❸出向は年月と配属先を明記

出向は、長期であれば年月の項目を立てて、配属先とともに書く。関連会社への出向の場合は、それを明確に記述する。

### ❹退職予定日を書き添える

在職中の場合は、退職予定日あるいは出社可能日を書いて、今後の予定をはっきり示すこと。

## 〈アルバイトやパートをしていた場合の職歴〉

### ❶アルバイトであることを明記

雇用形態をはっきりさせるために、アルバイトとして勤務した場合は、その旨を必ず書く。この例は「常勤」だが、「週5日」などのように頻度についてもふれる。

### ❷アピール要素になるものはすべて記入

志望職種と同じ業種で働いた経験は、アルバイトやパートでもすべて記入する。担当していた業務も具体的に書き、責任をもって実務をこなしていたことを印象づける。

| | | 職　歴 |
|---|---|---|
| 平成○ | 6 | 有限会社 ミウラ商店に常勤アルバイトとして |
| | | 平成○年4月まで勤務 |
| | | （ガソリンスタンド：従業員数約21名） |
| | | ・給油、洗車、点検アシスタント、自動車部品の販売、 |
| | | 売上伝票計算などを担当。 |
| 平成○ | 5 | ポプラ広告株式会社に常勤アルバイトとして勤務 |
| | | （従業員数約120名：本社・大阪） |
| | | ・第二広告制作部において、雑誌広告の制作補助、 |
| | | 資料整理などを担当。 |
| 令和○ | 4 | 正社員として登用 |
| | | ・精勤を評価され、制作スタッフとして第一広告制作部に |
| | | 異動。 |
| 令和○ | 9 | 一身上の都合により退職 |
| | | 以上 |

### ❸雇用形態が変わったら年月の項目を新たに立てる

雇用形態が変更になったことを明らかにし、その理由も記述する。

## 〈派遣社員として働いた場合の職歴〉

### ❶派遣会社名も明記する

登録した派遣会社（派遣元）の名前もきちんと記載する。派遣先の企業は複数になるのが普通なので、「以下の○社で勤務」などのように記す。

### ❷派遣先の仕事内容を簡潔に記す

派遣社員として働いた場合、どこに派遣されたかではなく、派遣先で何をしたかが問われる。仕事内容は各社ごとに簡潔に書くこと。派遣先が多い場合は、仕事内容だけをまとめて書くのもよい。

| | | 職　歴 |
|---|---|---|
| 平成○ | 4 | 株式会社ミツワ商会 入社 |
| | | （雑貨卸：従業員数約500名） |
| | | ・新人研修を経て総務部人事課に配属。 |
| | | ・給与計算事務、社会保険関係業務の補佐、 |
| | | 会社案内などに携わる。 |
| 平成○ | 2 | 一身上の都合により退職 |
| 平成○ | 5 | 派遣会社：株式会社MYピープルに派遣登録 |
| | | 以後、派遣社員として以下の3社で勤務。 |
| 平成○ | 5 | サンバード商会（事務機器製造販売：営業部） |
| | | ・仕事内容／受発注業務、納品手配業務、 |
| | | 顧客データ管理など。 |
| 令和○ | 11 | 株式会社アオキ電機販売 |
| | | （家電・パソコン機器の販売：経理部） |
| | | ・仕事内容／出入金管理、帳票作成管理、 |
| | | Excelによる各種文書作成など。 |
| 令和○ | 8 | 共立物販株式会社（貿易商社：輸出入代行部） |
| | | ・仕事内容／輸出入書類作成、在庫表の作成、 |
| | | 商品出荷手配業務、為替業務など。 |
| 令和○ | 9 | 期限満了につき退職、現在に至る |
| | | 以上 |

### ❸退職理由は「期限満了」

期限を区切って勤務する派遣社員の場合、退職理由は「期限満了につき」が一般的。契約社員の場合も同様。

## 〈リストラ・倒産を経験した場合の職歴〉

### ❶「会社」でなければ「入社」は使わない

会社の場合は「入社」でよいが、学校や病院、事務所、製作所などで働いていた場合は「勤務」を使う。公務員の場合は「奉職」。

### ❷リストラの場合はマイナス印象を与えない表現を

「人員整理のため希望退職」と書くのは、「人員整理の対象になった人」というマイナス印象を与えるので避ける。「会社業績不振により希望退職」とするのが一般的。

| | | 職　歴 |
|---|---|---|
| 平成○ | 4 | 青葉企画事務所に勤務 |
| | | （出版物の企画・編集：従業員数21名） |
| | | ・編集アシスタントを経て、原稿整理・指定・レイアウト |
| | | などの編集実務に携わる。 |
| 平成○ | 2 | 一身上の都合により退職 |
| 平成○ | 3 | 株式会社サンユニオン 入社 |
| | | （DTP・WEB・映像制作：従業員数16名） |
| | | ・DTP制作部門にて、各種印刷物制作、外部業者との |
| | | 打ち合わせ・調整、納品管理などに携わる。 |
| 令和○ | 6 | 会社業績不振による希望退職 |
| 令和○ | 10 | アート宣広株式会社 入社 |
| | | （各種看板の制作・施工：従業員数18名） |
| | | ・契約書類の作成、電話での受発注、得意先管理など、 |
| | | 主に営業事務に従事。 |
| 令和○ | 6 | 会社都合により退職 |
| | | 以上 |

### ❸自己都合以外の退職は「会社都合により～」に

リストラや倒産など、会社側の都合による退職は「会社都合により退職」と記述する。倒産の場合、「会社倒産により退職」とそのまま書くのもよい。

# 「退職理由」はステップアップを印象づけるものを

ここをチェック

□中途採用では、退職理由は選考上の重要事項になる。欄がない用紙でも、必ず書くこと。

□退職理由に、前の職場での不平不満を書くのはタブー。これから何をしたいのかという志望動機に結びつけた、前向きな理由を挙げる。

## ●「退職理由」で仕事への姿勢も判断する

応募者の退職理由は、採用担当者が最も知りたい情報の一つです。転職者用の履歴書には、「退職理由」の欄がしっかり組み込まれていることからも、それがわかります。

選んだ履歴書用紙に退職理由欄が設けられていないときは、**志望動機欄で簡単にその理由にふれるか、職務経歴書や添え状に盛り込む**ようにしましょう。

採用担当者は、退職理由から「なぜ辞めたか」はもちろん、会社や仕事に対する姿勢もチェックします。

## ●「退職理由」は「志望動機」に近い

転職者の実態調査によると、退職理由は「仕事内容に満足できなかった」「労働条件がよくなかった」などの不平不満が圧倒的に多いというデータが出ています。しかし、こうした理由をそのまま書いたのでは、ただのグチになってしまいます。

**重要なのは、「これから何をしたいのか」ということ**。その前向きな面をアピールしながら、「そのために退職を決意した」ことを伝える必要があります。「退職理由」と「志望動機」は、近い関係にあるのです。

## ●書いてはいけないタブーがある

退職理由を書くときに注意しなければならないのは、**前の職場に対する批判や不満は記入してはならない**ことです。上司への不満や人間関係のトラブルは、自分にとっては立派な退職理由になっても、履歴書上では通用しません。社会常識に欠けているとして確実に減点対象となり、敬遠されます。

会社を辞めたことをネガティブに考えていると、出るのはグチばかりです。ここは気持ちを切り換え、ポジティブに考えるのが得策です。

# 退職理由を書くときのポイント

## ❶退職理由を志望動機につなげる

「○○分野での仕事ができなかったため」などと書くと、採用担当者に「前の職場ではその能力はないと思われていたのだ」と判断されてマイナス。「**前の職場ではこれだけのことを身につけた。次の職場ではこれを生かし、こういうことをやってみたい。そのために退職を決意した**」というように、志望動機につながる内容にまとめる。

## ❷まじめな仕事ぶりをアピール

退職理由欄では、理由の背景に応募者のマイナス部分はなかったかチェックされる。仕事への意欲や責任感、勤務態度などの面でとくに問題はなく、**まじめに仕事に取り組んでいたことをアピール**する。

## ❸前の職場に対する不満などを書かない

過去および現在の職場の悪口や不満、上司や同僚との**トラブルは絶対に書かない**。トラブルメーカーと受け取られ、不採用になる。「残業が多かった」「有給休暇をもらえない」など**待遇面にふれるのも避ける**。

## ❹自分の不利な点をフォローする

会社の業績不振で“肩たたき”にあったような場合、それをそのまま「業績不振により退職を奨励されたため」と書くのは避ける。「“肩たたき”にあうような能力の足りない人」という印象を与えるので、事実を曲げない範囲で表現を工夫する。「**業績不振により希望退職**」など。

## ❺会社が倒産した場合などはありのままを記入

倒産など、会社の都合で退職を余儀なくされた場合は、「**会社都合により退職**」「**会社倒産により退職**」と率直に書いてよい。自分勝手に転職を繰り返している人より、会社への帰属意識が高い印象を与える。

## ❻「一身上の都合」はこの欄では使わない

自分の都合で辞める場合、「**一身上の都合により退職」という表現は、職歴欄での退職理由として形式的に使うもの**。退職理由欄でも同じ表現を使うと、安易な転職をイメージさせるので注意を要する。

〈退職理由の書き方──採用担当者が納得できる内容を〉

×

退職理由

前の職場では、業務が分業化されていたため、自分の能力を十分に生かすことができませんでした。スキルアップのために△△専門学校に通ったことも役に立てることができず、新しい環境で自分の力を試したく、希望退職をいたしました。

**前の会社への不平不満を書くのはタブー！**

「仕事内容に満足できなかった」
「労働条件がよくなかった」
「人間関係がうまくいかなかった」
など、実際には不平不満があっても、それをストレートに書いたのでは採用はおぼつかない。

採用担当者に与える印象

- 自分の能力を生かせないのを、業務範囲が決まっていたせいにしている。
- スキルアップさせたのはよいが、それでも上から評価を得るほどの能力はない人なのだろうか。
- 前の職場で役に立たなかったレベルのものを、当社で試そうというのは困る。

↓

○

退職理由

前の職場では、勤続4年の間に蓄えた○○知識を生かし、○○分野で実績向上に努めました。それを元に、△△分野で幅広く仕事に携わりたいと△△専門学校にも通い、スキルを磨きましたが、事業縮小のため異動は認められず、不本意ながら転職を決意いたしました。

**将来について前向きにアピールする！**

これから何をしたいのかを前向きにアピールすることがポイント。「退職理由」と「志望動機」を関連づけて書くことができれば、アピール度はさらに高くなる。

採用担当者に与える印象

- ○○分野で通用するレベルの知識は持っているようだ。
- 担当業務をこなしながらキャリアアップも忘れない、向上心のある人だ。
- 事業縮小さえなかったら異動は認められ、転職も考えずにすんだのだろう。

### 〈会社合併後、仕事がやりづらくなった場合〉

×

**退職理由**

働いていた会社が合併し、社内の方針がノルマ至上主義に変わってしまいました。円満だった人間関係もギクシャクし始め、殺伐とした雰囲気になってきたことから、もっと環境のよい職場でお客様の満足を得る仕事がしたいと思い、転職を決心いたしました。

**採用担当者に与える印象**

- 会社の合併で方針が変わるのはめずらしくない。それで転職を考えるのは、会社への帰属意識がもともとないのだろうか。
- 販売系ならノルマを重要視するのは当然。合併前はよほど生ぬるい仕事ぶりだったのかもしれない。
- 職場の環境のよしあしと、お客様の満足を得る仕事をすることは関係ないはずだ。

○

**退職理由**

前職場では○○商品を扱っていましたが、△△マーケットに関心を持ち始め、その方面で今までのキャリアを生かしたいと考えていました。折しも会社が合併して社内の方針が変わり、自分との考えにくい違いが生じたことから、転職を決心いたしました。

会社の合併や業務の縮小、あるいは倒産などで退職した場合は、事実をありのままに書き、自己都合で辞めたのではないことをアピールすることもできるが、その際もできるだけポジティブな表現を心がける。

**採用担当者に与える印象**

- ○○を扱った経験と感性は、当社の△△を扱うのに役に立ちそうだ。
- 目的意識がはっきりしていて、勤勉さが感じられる。
- 会社の合併が転職を後押ししたのだろう。帰属意識はあるようだ。

# 「免許・資格」で自分の〝商品価値〟を高める

ここをチェック

□免許・資格欄は、自分の能力をアピールする大切な部分。空白にせず、積極的に活用する。

□採用選考では、国家資格だけが有利になるわけではない。応募先の仕事に役立つものであれば、専門教育の受講経験からまだ勉強中のものまで、評価の対象になる。

## ●自己アピールにつながるものはすべて記入

免許・資格欄には、取得年月順に正式な資格名を記入します。志望する業界や希望職種に関連するものはもちろん、仕事とは直接関係のない資格でも、アピールすることを意識して積極的に書いておきましょう。

資格をたくさん持っている場合は、希望職種と関連が深いものや、取得レベルが高いものを優先させるなど、取捨選択して記入します。

## ●有利なのは国家資格ばかりではない

資格というと、「英語検定」や「宅建士」などの公的資格や国家資格が頭に浮かびますが、採用選考で有利になるのは、こうしたものばかりではありません。たとえ**短時間の講習で簡単に取得できる技能審査でも、仕事で役に立つと思われるものなら、それなりに評価**されます。

資格は、あなたの能力を裏づけるものです。資格取得に向けて勉強中のものでも、自分を売り込むために記入しておきましょう。

## ●セミナー受講などもアピール要素に

資格取得にはならなくても、自己啓発のセミナー受講やスクール通学など、専門教育の経験があれば、十分アピール要素になります。記入して、少しでも自分の〝商品価値〟を高めるよう努めましょう。

**資格以外のこうした記述は、「その他特記すべき事項」の欄に書きますが、この欄がない場合は、免許・資格欄の中に注記して**いきます。

常に自分を磨き、スキルアップを図る人は、企業にとって魅力的な人材です。免許・資格欄は、自分がそうであることを伝える、アピールポイントになる部分。免許・資格がないからといって、この欄を空白のままにしてはいけません。

# 免許・資格欄の書き方

●あまりにポピュラーな資格だが、広範なニーズがあるため必ず記入。

●「英語検定」「漢字検定」なら通常は2級以上の資格を記入する。

| 年 | 月 | 免許・資格 |
|---|---|---|
| 平成○ | 3 | 普通自動車免許取得 |
| 令和○ | 7 | 実用英語技能検定2級合格 |
| 令和○ | 10 | TOEIC L&R スコア680点取得 |
| | | ※現在、7月のTOEIC L&Rテストを受験予定。 |
| | | 750点取得を目標に勉強中。 |
| | | |

●社内評価の基準として採用している企業が多い。応募先が外資系企業の場合は部門によるが最低700点以上は必要。コンサルトや法務であれば850～900点が目安。

●単に「勉強中」ではなく「今まさに受験準備中」であることを注記で伝える。

| 年 | 月 | 免許・資格・専門教育 |
|---|---|---|
| 令和○ | 3 | 秘書技能検定2級合格 |
| 令和○ | 7 | 実用英語技能検定準1級合格 |
| 令和○ | 5 | 普通自動車免許取得 |
| | | マイクロソフトオフィススペシャリスト |
| | | エキスパートレベル合格 |
| | | |
| | | |

その他特記すべき事項

・秘書技能検定準1級受験のため、現在、養成講座を受講中。
・資格は取得していないが、日常会話レベルの中国語を話すことができる。

●レベルアップに励んでいる積極的な姿勢を記述する。

●仕事に関連しないものでも、何が採用担当者の目にとまるかわからないので書くようにする。

# 「趣味・特技」では人間的な幅をアピール

ここをチェック

□採用担当者は、趣味・特技などの項目で人柄や人間性を見る。ありふれた書き方ではなく、表現に工夫して〝自分らしさ〟を出すように工夫する。

□無理のない範囲で仕事に関連づけた内容にするのも、印象に残る書き方。

## ●絶対に避けたい「とくになし」

履歴書用紙によって項目の有無に違いがありますが、項目欄には趣味・特技、スポーツや好きな学科といったものもあります。ここで採用を左右されることはありませんが、意外に採用担当者の興味を引くところです。

この欄は、**応募者の素顔や人間性が強く表れる箇所**です。書き方しだいで相手の興味を呼び起こすこともできるので、簡単に「とくになし」とするような使い方は避けるようにしましょう。

## ●紋切り型の記述はNG

空欄にしないだけましとはいえ、趣味欄に「読書」、スポーツ欄に「サッカー」などと書いただけでは、相手に人間的な側面は伝わりません。どんなジャンルの、どんな作家の本が好きで、月に何冊くらい読むのかなど、具体的な事柄を伝えます。

記入スペースに応じた書き方をしなければならないので、表現には工夫が必要ですが、ここは面接時の話の糸口にもなるところです。「一応書いておく」というのではなく、中身のある書き方をしたいものです。

## ●さりげなく仕事に役立っていることを表現

たとえば特技を「雑学」とした場合、「法律用語に詳しいので、契約文書や社内規程に関することで法務部の担当者から直接質問されることもあります」などとコメントを添えると、印象が強くなります。

また、スポーツ欄に「ジョギング」と記し、「毎朝の日課にしてから気分よく仕事に取り組めます」などと書くのも同様です。

しかし、ウケをねらって無理な発想をすると、逆効果になることもあるので注意しましょう。

# 趣味・特技・スポーツ・好きな学科欄の書き方

●「趣味」欄の記入例…映画鑑賞、音楽鑑賞
（だれもが書く書き方で興味をそそられない。具体的な中身を記す）

→

映画鑑賞
**動画配信サービスも含め、月に10作品は見ます。洋画中心ですが、最近は昭和30年代の邦画にも興味があります。**（スペースの範囲内で説明を加える。印象に残った作品を挙げるのもよい）

●「特技」欄の記入例…接客話法
（仕事に関連したものを記載するのはよいが、これではどのようにすぐれているのかわからない）

→

接客時のコミュニケーション
**高齢者でも幼児でも、気持ちよく過ごしていただける応対ができます。**（資格こそないが、これだけは自信がある、というものを記入）

●「スポーツ」欄の記入例…野球、サッカー、テニス、スキー、スイミング
（やったことのあるスポーツを、ただ書き並べても意味がない。何がどうなのかを書く）

→

スイミング
**週に1度、近所のスイミングクラブで200メートル泳いでいます。**（現在スポーツをしていない場合は、学生時代の経験や興味のあるスポーツを記入してもよい）

●「好きな学科」欄の記入例…国語、英語
（学生時代の科目でなくてもよいし、希望職種に関連したものでなくてもよい。具体的に）

→

食品栄養学
**父が食事療法を始めたことで興味を持ち、勉強するようになりました。**（社会人になってから興味を持った分野を、学科に置き換えて考えてもよい）

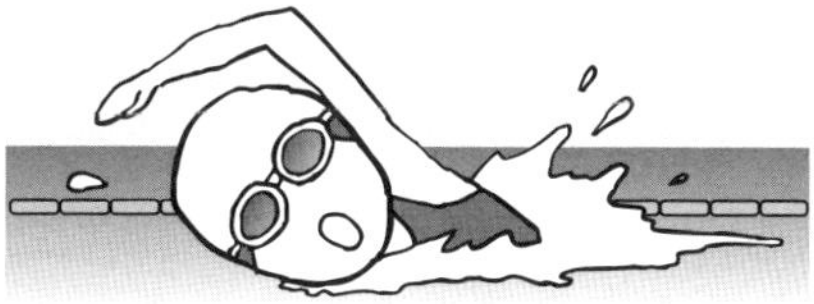

# 「健康状態・性格」も言い方ひとつで好印象を与える

ここをチェック

□健康上とくに問題がない場合や、持病があっても業務に支障をきたすことがない場合、健康状態欄には「良好」と記入する。
□性格は、独りよがりの記述を避けるために、第三者の視点で書くようにする。

### ●普通に仕事ができれば「良好」に

即戦力確保のための中途採用では、特別な事情がない限り、健康状態の悪い人は採用されません。血圧が少し高めだったり、アレルギーなどの持病があっても、業務に支障がなければ「良好」と記入するのが一般的です。

書かなくてもよいことを書いて、いらぬ警戒心を相手に与えることはありません。

**病気療養の経験があっても、完治しているのであれば、やはり記入する必要はありません。**

### ●プラスひと言で健康をアピール

健康状態欄には、ほとんどの人が「良好」と記入します。しかし、どのくらい健康なのかは、採用担当者にわかりません。

本当に健康に自信のある人は、それを裏づける何かひと言を書き添えるとよいでしょう。「今まで会社を病欠したことがない」といった言葉を加えるだけで「良好」であることを伝える説得力がまるで違います。

### ●性格は第三者の視点を借りて記述

自己分析をもとにすれば、性格欄への記入は比較的スムーズのはずですが、**人は自分を完全に客観視することはできません。**長所をアピールしようとしても、どうしても独りよがりのものになってしまいます。

それを避けるために、ふだん人から言われている長所・短所を思い浮かべ、「友人には○○と言われているが、私は…」のような形でまとめるとよいでしょう。

また、長所としてよく挙げられる「粘り強い」も、「だれもがあきらめた商談だったが、取引先に日参して契約をとりつけたことがある」などと書けば、説得力が出ます。

# 健康状態・性格欄の書き方

**「健康状態」欄**

健康状態

きわめて良好（前職場では4年間無欠勤でした）

●花粉症やアレルギーなど、持病があっても業務に支障がなければよけいなことは書かず、「良好」とする。健康に自信がある場合は、具体的にアピールするとよい。

健康状態

通常業務に支障なし（ふだんは支障なく勤務可能ですが、通院のため月1回だけ午後出勤を希望します）

●完治した病気については書く必要はないが、治ってからも定期的に検査などで通院する場合は、必ずその旨を記入する。業務に支障があるかもしれないので、トラブル防止のために最初に伝えておく。

**「性格」欄**

自覚している性格

友人には「行動力がある」とよく言われますが、自分でも考えるより先に行動するタイプの人間だと思っています。前職場では、この性格を生かして販売シェアを拡大させましたが、やや慎重さに欠ける面は改めたいと思っています。

●長所を述べるときは、人から言われていることや具体的な例を挙げるとイメージがつかみやすくなる。自分が短所と思っている点は、「今後こうしたい」と素直に伝えることで、逆に印象がよくなる。

# 「扶養家族」「通勤時間」も注目されることを忘れずに

ここをチェック

□履歴書に家族構成欄があるときは、同居している家族の氏名を書く。

□扶養家族数は自分が扶養している家族の数、通勤時間は応募先の会社までの時間のこと。ともに企業側が注目する部分なので、必ず書く。

## ●扶養家族の状況は待遇に直結する問題

履歴書用紙の隅に小さく設けられているので見落としやすいのですが、「扶養家族数」や「配偶者の有無・扶養義務」の欄も、企業側にとって関心事の一つです。採用後の税金の手続き（配偶者控除など）や、〝家族手当〟などの待遇に直結する問題だからです。

扶養家族数は、自分が現在扶養している家族の数を書きます。一人もいなければ「0」と記入します。

配偶者の有無・扶養義務は、それぞれ該当するほうを◯で囲みます。

## ●家族欄に本人名は記入しない

現在、家族構成欄が設けられている履歴書用紙は、プライバシー保護の観点から少ないようです。用紙に家族欄がある場合は、同居している家族のみを年齢順に書き込みます。

ただし、親元を離れて一人暮らしをしている場合は例外です。同居者はいないからといって無記名にするのではなく、実家の家族構成を記入します。

単身赴任で現在は家族と一緒に住んでいないという場合も、同じように書きます。

## ●通勤時間とは会社までの最短時間

扶養家族欄の近くに、やはり小さく設けられているのが通勤時間欄です。この通勤時間というのは、会社までの最短の時間を書くものです。

通勤時間は1時間くらいが目安で、それ以上になると「遠い」という印象を採用側に与えます。しかし、通勤に1時間以上かかっても、ウソを書くのはいけません。

通勤時間は語学の勉強をする時間として活用しているなど、マイナスをプラスに変えるフォローを考えましょう。

# 家族欄に記入する範囲

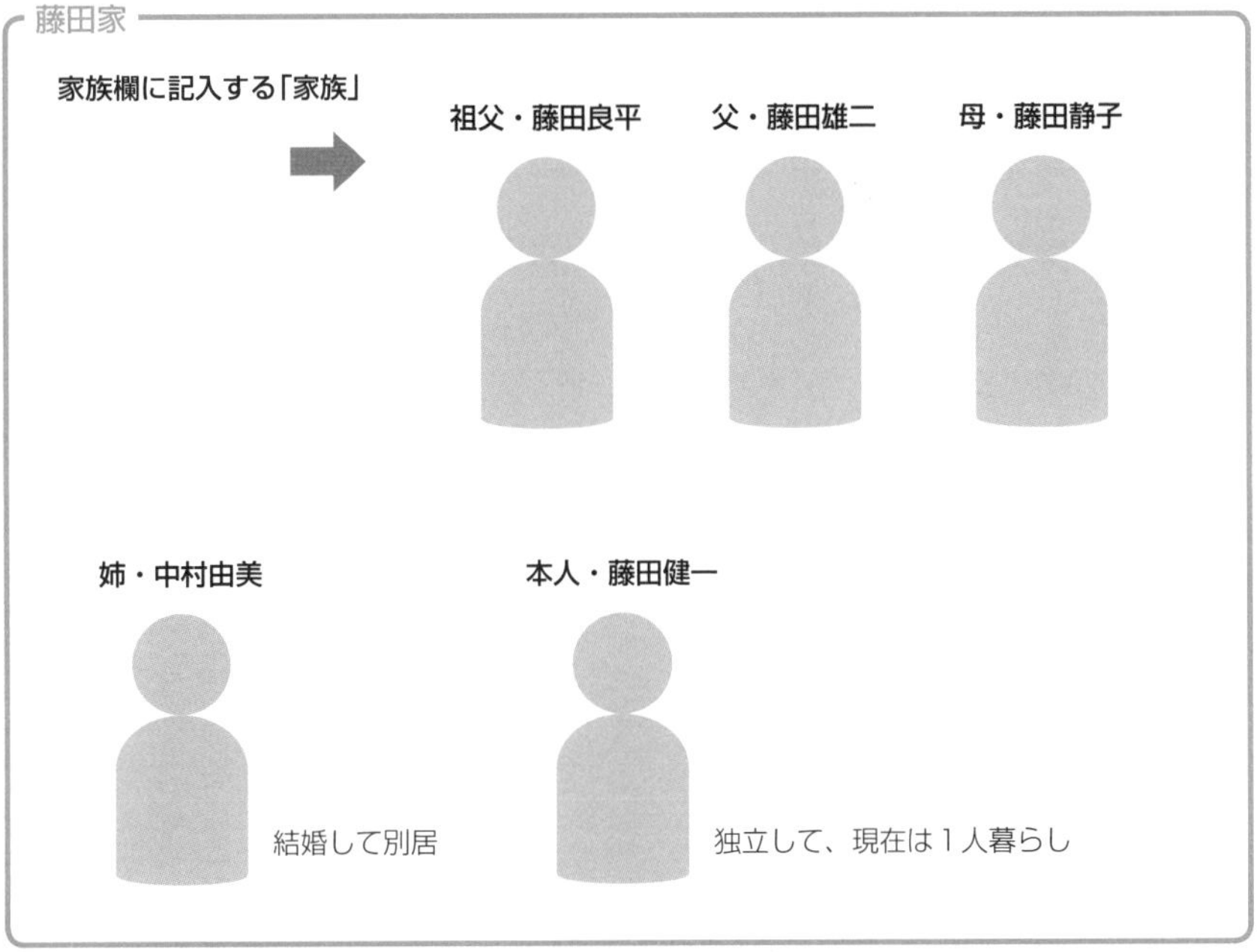


＊独身者の場合。結婚して別に世帯を持った場合は、配偶者と子どもの名前を書く

●名字は最初の１人だけ記入。2人目からは名前だけ記す。

●年齢順に記入する。

| 家族氏名 | 本人との続柄 | 年齢 | 家族氏名 | 本人との続柄 | 年齢 |
|---|---|---|---|---|---|
| 藤田　良平 | 祖父 | 75 | | | |
| 雄二 | 父 | 52 | | | |
| 静子 | 母 | 51 | | | |
| | | | | | |
| | | | | | |

| 通勤時間 | 扶養家族（配偶者を除く） | 配偶者 | 配偶者の扶養義務 |
|---|---|---|---|
| 約　時間 50 分 | 0 人 | ※ 有・(無) | ※ 有・(無) |

●配偶者の扶養家族になっている子どもは、自分の扶養家族には数えない。

●配偶者が会社員の場合、その扶養義務は「無」に○。

# 「志望動機」は自分を売り込む絶好の場

ここをチェック

□採用担当者が重視する志望動機欄では、自分と志望会社との接点から応募理由を主張し、自分に何ができるのかをアピールすることが大切。

□志望動機欄を自己アピールの場として生かすには、自分の言葉で表現することが欠かせない。

### ●会社と自分との接点を探す

退職理由欄と並んで重視されているのが、同じく自由記入式の志望動機欄です。

ここでは、**たくさんある企業の中で、「なぜこの会社なのか」を明確に伝える**必要があります。それには、企業研究が欠かせません。情報を集めたうえで、自分のこれまでのキャリアと「やりたいこと」を整理し、自分と志望企業の接点を探します。

その会社で何ができるか、したいかが見つかれば、それが志望動機となります。

### ●自分を採用することのメリットを伝える

志望動機を書くときにとくに強調したいのは、**自分が企業にとってどう役立つのか**ということです。中途採用は即戦力を求めているため、人材ニーズがはっきりしています。その求められている人物像に、自分がどれだけ近いかをアピールするとよいでしょう。

志望動機に説得力を持たせるために、自分のスキルや能力はもちろん、経験、自分ならではのエピソードなどを盛り込むことも大切です。

志望動機は、面接でも必ず聞かれます。あやふやにならないように、しっかりまとめておきましょう。

### ●ありきたりの表現はアウト

**採用担当者は、この志望動機欄に、貪欲なまでに自分を売り込む、個性あふれる記述を期待**しています。

それだけに、どの企業にも通用する具体性に欠けた内容や、「やる気ではだれにも負けません」といった精神論だけを書いたのでは、ひと目でウンザリされてしまいます。

志望動機欄は、自分の言葉で自由に書けるスペースです。だれもが使う表現で埋めるのは避けましょう。

# 志望動機欄の書き方

●自分がどんなことをやってきたか、どんな知識があるかを示している。細かいことは職務経歴書に書くので、ここでは省いてよいが、簡単な紹介は必要。

志望の動機

入社以来、総務系の仕事で、管理業務から人事業務まで携わってきました。この実務経験をベースに、事務スペシャリストを目指そうとPC技能を取得。それを全面的に生かせる貴社で、新たなキャリアを積みたく応募いたしました。

●今後の目標を明示し、すでにその目標に向けての努力を始めていることを伝えている。強い意欲が感じられる。

## 〈志望動機に書いてはいけないこと〉

×

「貴社の将来性に魅力を感じたため」

▲どこの、どういう部分に将来性を感じているのか？

「貴社の事業内容に興味がある」

▲どのように興味があるのか？　それでどうしたいのか？

「貴社の社風が私に合っている」

▲どのような社風で、どうしてそう思うのか？

「あこがれの企業だった」

▲だからどうしたいのか？　何がやれるのか？

「私の経験を貴社で生かしたい」

▲どんな経験で、どのように生かしたいのか？

「貴社で○○を身につけたい」

▲即戦力として何か役立つものはあるのか？

「仕事への情熱はだれにも負けない」

▲それを裏づける知識や経験はあるのか？

### 〈同じ職種に応募する場合〉

×
悪い書き方

これまで化粧品メーカーで営業を行ってきましたが、インターネット利用のもっと大きな仕事をしてみたいと思うようになりました。新たに化粧品部門を立ち上げた貴社で、営業部の一員として働くことができれば幸いです。

○
よい書き方

化粧品メーカーで営業を行い、率先してネット販売の展開を進めてきました。コンテンツマーケティングの分野では実績のある貴社が、新たに化粧品部門を立ち上げると知り、広いフィールドでより専門性のある営業を行いたいと思い、応募いたしました。

▲同業他社への応募では、「**前の会社ではできないことが志望企業ではできる**」という点を、志望理由にクローズアップする。そのために、企業研究をきちんとしていることを具体的な言葉で表現することも必要。

### 〈違う職種に応募する場合〉

×
悪い書き方

前職では営業事務に携わっていましたが、接客サービスの経験もあります。そのときから、人と接する仕事のほうが自分に向いていると思っていました。貴社でいろいろ学びながら、新たな自分を築いていきたく応募しました。

○
よい書き方

文具メーカーで営業事務を務めてきましたが、新製品の展示発表会など、各種イベントを担当するうち、人と接する仕事に魅力を感じるようになりました。中途研修にも力を入れている貴社で、1人でも多くのお客様に喜ばれる仕事をするのが目標です。

▲違う職種に転向する場合、採用側が持つ疑問は「なぜわざわざ異なる職種に転じるのか」ということ。「**自分により適した仕事に就きたい**」という姿勢を貫くことが重要なポイントになる。

### 〈転職の回数が多い場合〉

× 悪い書き方

人より関心領域が広いため、興味ある仕事があるとやらずにはいられなくなり、結果的に5回の転職を繰り返してきました。新規店舗開発に力を注いでいる貴社で、今までの経験を生かしながら長く勤務したいと思います。

○ よい書き方

まずはやってみることが私のモットーで、これまでに5回の転職を繰り返してきました。職歴はさまざまですが、企画、営業、販売、接客などの仕事に携わったことにより、複合的な視点でお客様の満足度アップを検討できるようになりました。外食産業をリードする貴社で、実績を上げたく思います。

▲転職の回数が多い人に対して、採用側は、何か不都合なことがあったのではないかと憶測するのが普通。したがって、転職を重ねた理由を明確にし、**今度は腰を落ち着けて勤務したい意志**を示すこと。

### 〈職歴にブランクがある場合〉

× 悪い書き方

経理事務を務めていた前職場は、体調を崩したことで退職しました。休養中、自分のやりたいことは何かを考え、やはり長年携わった経理事務以外ないとの結論に達したことで、昨年、簿記検定1級を取得しました。貴社で新しい一歩を踏み出したいと思います。

○ よい書き方

システム開発会社で経理事務を一人で担当してきましたが、緊張が続く仕事で残業も多く、体調を崩して退職しました。その後、休養して体力は回復。昨年、簿記検定１級を取得したのをきっかけに、これまでの経験が生かせる同じIT関連業界の貴社で再出発したく、応募いたしました。

▲ブランクがある場合、採用側がいちばん知りたいのは「なぜブランクがあるのか」ということ。出産・育児などの明確な理由があれば問題ないが、健康上の理由であれば、**現在は健康であること、仕事に前向きであることをアピール**する。

# 「本人希望記入欄」も有効に使って自己PRを

ここをチェック

□本人希望記入欄の〝希望〟とは、どうしても譲れない希望のことをいう。それがなければ、応募企業の意向に沿う書き方をするのが基本。

□この欄には、希望職種を必ず明記する。やる気を簡潔に伝えて、自己PRに使うことも可能。

## ●「これだけは譲れない」ことを記入

履歴書用紙の最後に、本人希望記入欄があります。職種・給与・勤務時間・勤務地などに対する希望を書くところですが、**給与や勤務時間に関して、具体的に書くのは避けたほうが賢明**です。

「希望給与○○円以上」などと書くのは、「それ以下ではいやだ」と言っているのと同じで、よい印象は与えません。

ここでは、たとえば「高齢の親と同居のため本社勤務希望」などのように書くようにします。

## ●希望職種は必ず書いて自己PRを

この欄で必ず明記しなければならないのは、希望職種です。とくに複数の職種を同時募集している企業に応募する場合は、それを書いていないと選考から外されることもあります。書き忘れに注意しましょう。

希望職種を書いたら、なぜその職種を希望するのかを具体的に書きます。スペースがあるようなら、簡潔に抱負を盛り込むのもよいでしょう。

最後まで、可能な限り自己PRに努めたいものです。

## ●採用側の意向に沿った書き方を

転職者用の履歴書用紙では、「本人希望」を書く欄が自由記入形式ではなく、項目別になっています。空欄を作らないために、当然すべての項目を埋めなければなりませんが、「希望勤務地」や「希望給与額」については、特別な事情がない限り「貴社の規定に準じます」とします。ここで自分の希望を率直に書くのは、避けたほうが無難です。

**「通信欄」には、転職の可能時期や自分との連絡方法など、採用側に伝えておきたい事項を記入**します。

# 本人希望記入欄の書き方

## 〈自由記入形式の場合〉

●自由に書き込めるスペースがある場合は、自分で希望がある項目を立てて箇条書きにするとよい。

●希望職種は必ず書く。自分のできることをアピールするなどして、スペースを有効に使う。ただし、志望動機欄で書いたことと内容が重複しないように。

本人希望記入欄

職　種：営業を希望。前職では、健康食品の営業を行ってきました。
　　　　対象は異なりますが、顧客のニーズに合った商品を提案する
　　　　ノウハウを生かしていけると思います。
勤務地：貴社の配属に従って勤務できる準備はありますが、子どもが
　　　　長期療養中のため首都圏内を希望します。
　　　※現在は友人の店（スーパー）でアルバイトをしております。
　　　　ご連絡は午前中にいただけると幸いです。

●勤務地について、求人広告に「希望を十分に考慮します」などとある場合は、第2希望まで書いておくとよい。転勤の可能性があって応じられないときは、その旨を理由を添えて記入。

●「通信欄」が設けられていないタイプの用紙では、連絡方法や面接日時に関する希望をこの欄に記入する。

## 〈転職者用履歴書の場合〉

| 項目 | 記入例 |
|---|---|
| 希望職種 | セールスアシスタント |
| 希望勤務地 | 貴社規定に準じます |
| 退職時の給与額 | 24　万円 |
| 希望給与額 | 貴社規定に準じます　万円 |

●必ず、企業が求人広告で募集している職種名を書く。

●勤務地が複数ある場合、希望する勤務地を書くが、とくに問題がなければこのように書くのが無難。

●手取り給与ではなく、額面給与を記入。

●金額を具体的に書くのはタブー。面接の最終段階で話し合うのが普通。

COLUMN

# Ｗｅｂエントリーシートの書き方

Ｗｅｂエントリーシートは、紙の履歴書や職務経歴書と異なり、注意しなければならない点がいくつかあります。

多くの場合、Ｗｅｂエントリーシートでは1時間程度の制限時間（セッション）が設定されており、その時間を超えるとデータが消えてしまいます。また、前のページに戻ろうとして「戻る」ボタンを押すと、打ち込み途中のデータが消えてしまうことがあります。

そのため、Ｗｅｂエントリーする際は、事前に下書きのテキストデータを保存しておき、コピー&ペーストするのがよいでしょう。

一次選考ES

当社を志望する理由を教えてください。（400字程度）

また、Ｗｅｂエントリーシートのシステム上に「保存」ボタンがある場合は、こまめに保存してセッション切れを防いでください。

写真もインターネット上でアップロードすることになります。事前に＊写真データをパソコンやスマホに保存しておき、所定のボタンをクリック（タップ）して証明写真をアップロードします。

志望動機、自己ＰＲといった履歴書に書き込む基本事項は、紙もＷｅｂも変わりありません。ただし、Ｗｅｂの場合、改行ができないフォーマットやアップロード後に改行が反映されないケースもあるので、カッコ（「」〈〉【】）や記号（■、◇、★）、ナンバリング（1、2、・・・）といった工夫をして、文章にメリハリをつけることが大切です。

締め切り直前のアップロードはエントリーする人が多くなり、動作が遅くなる、サーバーがダウンするといったトラブルに巻き込まれるおそれもあるので、早めの提出を心がけましょう。

＊写真データ：写真館などには、就活用の証明写真データを購入できるサービスがある。

# PART 3

# 採用を決定させる職務経歴書の書き方

キャリアと実力を
効果的に伝えるために

# ✕ 履歴書と同じことを書いても意味がない

職務経歴書

氏名　福島　英二

| 期間 | 職務経歴（勤務先、職種、業務内容、役職、その他） |
|---|---|
| 4/1 ～ / | 帝都不動産株式会社入社 |
| / ～ / | 本社にて新人研修を受ける |
| 5/6 ～ / | 千葉支店営業第2課に配属 |
| / ～ / | ＜職務内容＞一戸建て住宅の仲介業務に携わる |
| 9/10 ～ / | 宅地建物取引士の資格を登録 |
| 12/7 ～ / | 売上目標達成により「支店長賞」受賞 |
| 4/5 ～ / | 第2課係長に昇格 |
| 9/25 ～ / | 会社都合により退職 |
| 10/7 ～ / | パレス建設株式会社入社 |
| / ～ / | 営業部第2営業課に配属 |
| / ～ / | ＜職務内容＞新築マンションの販売業務に携わる |
| 5/10 ～ / | トップの売上実績により「社長賞」受賞 |
| / ～ / | 第2営業課課長補佐に昇格 |
| 3/7 ～ / | 同社、在職中 |
| / ～ / | 一身上の都合により、令和〇年7月31日退職予定 |
| / ～ / | 以上 |
| / ～ / | |
| / ～ / | |
| / ～ / | |
| / ～ / | |
| / ～ / | |

古紙配合率100%の再生紙を使用しています。

**ポイント**

- 職務経歴書は、自分のキャリアをより強くアピールするための有効な手段。だが、履歴書と変わらないこのような職務経歴書では、役に立たないどころか**印象を悪くする**こともある。採用側にとっての職務経歴書は、履歴書だけでは不足しがちな応募者の情報を補い、書類選考時の重要な参考資料となるものだからだ。
- **市販の職務経歴書用紙**は、履歴書の職歴欄と似たようなものがほとんど。そのまま使わず、**自分なりの項目を立てるなど工夫する**ことが必要。

# ○求人ニーズに合う自分をクローズアップする

## 職務経歴書

令和○年3月7日

福島英二（37歳）

■希望職種／ハウジングアドバイザー

■職務経歴／

| | |
|---|---|
| 平成○年４月 | 帝都不動産株式会社に入社 |
| 平成○年５月 | 千葉支店営業第２課に配属 |
| 平成○年９月 | 会社都合により退職 |
| 平成○年10月 | パレス建設株式会社に入社 |

■職務内容

平成○年５月～平成○年９月（５年間）　帝都不動産株式会社

千葉支店営業第２課に配属され、一戸建て住宅の仲介業務に携わる。
４年後、第２課係長に昇格（部下5名）。

◇主な業務・実績
- 支店エリア内の住宅街へ飛び込み営業。
- 住宅展示場での来場者応対および説明。
- 展示会・フェア運営。
- ２年連続で個人および第２課の売上目標を達成、「支店長賞」受賞。

◇退職理由
急激な経営悪化による給与遅配のため。

令和○年10月～現在（５年２か月間）　パレス建設株式会社

営業部第２営業課に配属され、新築マンションの販売業務に携わる。
３年後、第２営業課課長補佐に昇格。

◇主な業務・実績
- 新聞広告およびチラシによる反響セールス。
- 築10年以上のマンションをターゲットに飛び込み営業と電話セールス。
- アンケート調査結果による見込み客訪問。
- ３年連続で第２営業課トップの売上実績を挙げ、「社長賞」受賞。
- 課長補佐就任後は、実務に加え、新入社員の教育および部下の指導に当たる。

■取得資格／宅地建物取引士（平成○年12月取得）

■自己ＰＲ／一戸建てやマンションの販売に携わって10年。新人時代のお客様からリフォームの相談を受けたことから、リフォーム営業に興味を持つようになりました。とくに介護用住宅への改築は、実家が昨年行ったこともあり、大いに関心があります。高齢社会に向けてますますニーズが広がる分野で、これまでの実務経験をベースに、顧客満足につながる仕事で貴社に貢献したいと思います。

**ポイント**

- 詳しく書くこと以上に大切なのが、応募企業の求人ニーズに合った部分を選択してまとめるということ。キャリアが豊富でも、無関係なことを詳細に述べても意味がない。自分が採用に値する人材であることを印象づける職務経歴書に仕上げる。
- 手書きでもかまわないが、パソコンなどを使って作成したもののほうが、読みやすさの点から歓迎される。レイアウトを工夫すればパソコンスキルの証明にもなるので、できれば手書きは避けたほうがよい。

# 職務経歴書は〝財産〟を伝える最重要書類

ここをチェック

□求める人材と応募者の適合性を見るために、職務経歴書の提出を求める企業が増えている。これは、応募者にとって、自分のキャリアや実績をアピールできる最も重要な書類になる。

□職務経歴書は、企業側が知りたいことにポイントを絞り、それを簡潔に記入する。

## ●職務経歴書は自分を売り込む絶好のツール

中途採用の場合、履歴書に加えて職務経歴書を提出することが通例化しています。これは、即戦力を求めている企業が、応募者の経験や実績はどの程度で、採用した場合にどのくらい役に立ってくれるかを、面接に先立って職務経歴書から判断したいと考えているためです。

応募する以上、提出するのは当然ですが、職務経歴書は、企業に情報提供するためだけにあるのではありません。履歴書とは違い、あくまでも仕事に焦点を絞った職務経歴書は、あなたの〝財産〟ともいうべきキャリアや能力を、効果的にアピールする場なのです。

## ●志望企業に合わせて書き方を変える

職務経歴書は、選考の際に応募者の情報源として活用されるため、職歴や経験内容について「できるだけ詳細に」書くことを求められます。しかし、詳しく書けばよいというものでもありません。**企業側が興味を示さないことをいくら書いても、意味はない**からです。

大切なのは、企業側が知りたいことにポイントを絞り、それをクローズアップして伝えること。ですから、同じ人でも、**提出する企業によって職務経歴書が違ってくることも当然あり得る**のです。

## ●ライバルに差をつけて面接を有利に

職務経歴書は、自己アピールの有効ツールとなるだけではありません。その仕上がりによっては、書類選考の段階でライバルに差をつけることも可能です。面接に進んでも、しっかりした職務経歴書が提出されていれば、それだけ採用側の期待も高く、一歩進んだ内容の話をすることもできます。

# 採用側が職務経歴書でチェックすること

企業が応募者に対して知りたいことは、
①今までの経験から何ができるか、
②これからどのように貢献してくれるか、の2点に尽きます。
それを知るために、職務経歴書では主に次のことをチェックします。

### ●どんな専門知識・経験があるか

- 今までどんな業務をこなし、それを通してどんな経験をしたか。志望職種との関連はどうか。
- 仕事に生かせる専門知識・能力はあるか。どの程度のレベルか。

### ●即戦力になるかどうか

- 当社で役に立つ実務能力があるか。
- キャリアアップの意欲があるか。
- 組織への適合性があるか。

### ●入社への意欲があるか

- やりたいことが明確か。
- 社内を活性化してくれる人材か。
- 今後の目標はあるか。

# 情報はもれなく、内容は具体的に

ここをチェック

□職務経歴書で伝える情報は、漠然とした表現では役に立たない。具体的な内容を伝えてこそ、あなたのキャリアや実績をアピールすることができる。

□職務経歴書は書式が自由なため、書き方を工夫することで差別化を図れる。

## ●情報不足では職務経歴書は生きない

前にも述べたように、職務経歴書を書くときは、応募企業の人材ニーズを知り、それと自分の経験との合う部分をクローズアップして伝えることが大切です。

ただ、伝えるにしても、「営業経験が3年ある」といった漠然とした情報では役に立ちません。どんな会社のどんな部門で、何を取り扱い、どんな立場、どんな方法で営業活動を行ったのか、という具体的な内容を伝えなければ、企業側にあなたの〝価値〟が伝わりません。

## ●同時にプレゼンテーション能力もアピール

職務経歴書は、生かして使えば、大きな効果を期待できるものです。さらに、履歴書と違って書式が決まっていないことも、応募者に有利に働きます。つまり、自由にオリジナルな職務経歴書を作れるので、その表現技術で差別化を図ることができるのです。

**企業は、職務経歴書の中身だけでなく、その書き方にも関心**を寄せています。プレゼンテーション能力も試されていることを認識し、工夫した表現を心がけることが必要です。

## ●不利な点を職務経歴書でフォロー

転職回数が多い、異業種へ転職する、といったケースでは、採用担当者に不審の念を抱かせるのは必至です。その予防策として、あらかじめ明確な理由を記述しておくことは、自分をアピールするうえで必要なことです。

履歴書の退職理由欄や志望動機欄で書いていれば問題ありませんが、そうした欄がなかったり、書いても説明不足が感じられるときは、職務経歴書で具体的に述べておくことが望まれます。

# 職務経歴書の基本構成

❶表題
用紙中央の最上欄に記入。「**職務経歴書**」と書くのが一般的。

❷作成日
できれば**履歴書の日付と合わせる**のがよい。

❸氏名・捺印
書類をパソコンなどで作成する場合、氏名もパソコンの文字でかまわないが、**手書きにして捺印をする**と、いかにも正式文書という感じで丁寧。年齢も、氏名の横か下にカッコ書きで記入しておくとよい。

❹希望職種
職歴を書き出す前に記入しておく。

❺職務経歴
これまで勤務していた会社名や部署名、担当業務などを記入。履歴書の職歴欄と同じにならないように、**書き方には工夫**が必要。

❻参考データ
**専門知識や技術、資格、特技、報奨など、**自分の"売り"になる情報を項目を立てて記入する。

## 〈職務経歴書に盛り込みたい情報〉

**実　績**
営業成績、経費節減、企画立案、商品開発、新規販売ルートの開拓、事務の合理化など。**実務能力**の高さをアピールする。

**部下の人数**
直属の部下の人数、所属プロジェクトの規模・人数。**統率力やコミュニケーション能力**をアピールする。

**学歴・研究関連**
希望職種に関連した学歴があれば履修科目を記入。その他、卒業論文、ゼミ、学生時代に経験したインターンシップ、研修など。

**専門知識・資格・スキル**
希望職種に関係したものは、履歴書と重複してもかまわない。資格認定のない業務スキルもOK。積極的に書いて、**志望企業でいかに貢献できるか**をアピール。

**社内研修**
新人研修、業務研修、コンピュータ研修など。キャリアが浅い人の場合は、**新人研修などで基礎訓練を受けたこと**もアピール材料にする。

**社外活動**
同業者の勉強会、異業種交流会などへの参加。**意欲**のアピールになり、**自己啓発活動**としても評価される。

**表彰・受賞**
社長賞、奨励賞、社内・外コンテストでの受賞、皆勤賞など。**実務能力や実績**を証明するものとして大切。

# 職務経歴書、作成の手順とポイント

ここをチェック

□職務経歴書は、Ａ４サイズ１枚、長くても２枚にまとめるのが基本。何枚にもわたるものは、文書の整理能力に劣る印象を与えて逆効果になる。

□決まりはないが、さまざまなメリットがあるため、パソコンによる書類作成が望まれる。

## ●“まとめ書き”も希望職種を意識して

新卒者とは違い、転職者の就職活動は、朝に求人広告を見て、翌朝には応募書類を投函するというケースもめずらしくありません。時間的に余裕がないのが普通で、そのために職務経歴書も、履歴書と同じように“まとめ書き”している人が少なくないようです。

そうした場合でも、大切なのは、希望職種を意識して書類作りをすることです。職務経歴書は、単に職務の経歴を述べる書類ではないことを忘れないようにしましょう。

## ●手書きよりパソコンによる作成を

履歴書は手書きでも、職務経歴書はパソコンで作成するのが一般的になっています。手書きでは不利になるということはありませんが、見やすさを比べたら、断然パソコンでしょう。

また、作成の過程でも、パソコンのほうがあとから必要な情報を追加したり、逆に不要な箇所を削除したりできるので、書き直す手間と時間がいりません。**見出しやアピールしたい部分を簡単に強調できる**のも、大きな魅力です。

## ●用紙１枚に簡潔にまとめるのが基本

まず用紙の大きさは、Ａ４サイズが最適です。履歴書と同じＢ５でもかまいません（用紙についての詳しいことは74ページ参照）。

いちばん気をつけたいのは、その分量です。自分を売り込むのに熱が入ると、どうしても長くなりがちですが、用紙１枚、長くても２枚にまとめるのが原則です。

ポイントを絞り込み、簡潔にまとめた書類を作成することも、アピール材料になることを心にとめておきましょう。

# 職務経歴書——作成のポイント

**用紙1枚で簡潔にまとめる**

多すぎる分量は、たくさんの応募者の職務経歴書に目を通さなければならない採用担当者に敬遠される。読んでもらえない可能性もあるので、**多くても2枚**で簡潔にまとめる。

**パソコンで作成する**

手書きのほうが自己アピールできるという考え方もあるが、それは履歴書でもできること。文字数が多い職務経歴書の場合は、**ばらつき感をなくして読みやすくする**ことが第一。

**冒頭に記入年月日・署名を記入**

表題に続き、**右肩に記入年月日と署名を記入し、捺印**する。住所・電話番号などを入れる場合もあるが、必須事項ではないのでスペースに応じて考えればよい。

**希望職種と自分との接点を考える**

希望職種に求められている能力と、自分にできることを照らし合わせ、「**自分は何がアピールできるか**」を把握する。

**自分の状況に合った書き方をする**

職務経歴書の記入スタイル（76ページ参照）は、職務経験が長い・短いなどの状況に応じて選べばよく、アピールポイントに沿って適宜アレンジするのもよい。

# 職務経歴書——作成の手順

①キャリアに関する情報をすべて書き出す

↓

②ニーズに合わせて情報を選択する

↓

③選択した情報をわかりやすく加工する

↓

④項目を立てて内容構成を決める

↓

⑤用紙・レイアウトを決める

↓

⑥スタイルを決める

↓

⑦見栄えをよくして仕上げる

## 手順❶ キャリアに関する情報をすべて書き出す

**魅力的な職務経歴書の作成は、あなた自身の職務経歴を整理整頓することから始まる。履歴書と同じことを書いては意味がない。**

### これまでの職務経歴を具体的に書き出す

自分をアピールするには、自分の“**強み**”を知らなければならない。それにはまず、これまでの**職務に関するデータ**を、次の項目を参考にすべて具体的に書き出してみることが必要。最近の職務経歴については、とくに詳しく。

- 勤務した会社名・所属部署／会社・所属部署の業務内容／担当業務／異動／昇進／部下の人数／実績・成果／業務に関する専門知識・技能など

### アピール度の高い業務実績について書き出す

仕事を通じて**会社に貢献したこと**があれば、どんな方法で、どのような実績を上げたかを具体的に書き出す。個人ではなく、部署やチーム全体で上げた実績でもかまわない。その場合は、自分がどんな役割を果たしたかを書く。

実績は、顧客数や売り上げなど、できるだけ**数値を入れていく**と説得力を増す。

**特命業務**があれば、それも書き出す。上司から認められていたことをアピールできる。

### 資格・免許・自己啓発・社外活動などについて書き出す

職歴以外でも、希望職種への適性や能力をアピールできるものは、すべて書き出す。自己啓発は、自発的に行った**専門教育**や**セミナー受講**などがあれば書く。**異業種交流会への参加**など、社外活動は業界内での人脈があるとみなされ、評価される。その他、書き出したい項目として、67ページの「職務経歴書に盛り込みたい情報」参照。

## 手順❷ ニーズに合わせて情報を選択する

➡ **職務経歴書で伝える情報は「量より質」。求められている情報を提供し、かつ自分を売り込めるように、しっかりデータの取捨選択を。**

### 応募企業が求める人材像を把握する

職務経歴書に何を盛り込むかは、応募する企業のニーズによって違う。ある会社にはアピール材料になることでも、別の会社ではまったく評価の対象にならないこともあるので、**どんな人材が求められているのか**、その企業の会社概要や求人広告などからしっかり把握すること。あまり時間がない場合でも、求人広告や公式ウェブサイトは見ておきたい。

### 求人ニーズにマッチした情報を選び出す

応募企業が求める人材像をつかんだら、それに合った情報を選び出す。選択のポイントは、次のとおり。

- 希望職種に適性があることを示すデータ
（希望職種が自分にいかに向いているか、**客観的に示すデータ**を選択する）
- 実務能力をアピールできるデータ
（会社に貢献した事例、あるいは高く評価されたことなどを選択。「**仕事ができる人間**」をアピール）

### スキルを総点検して売り込めるものを選び出す

今あるスキルを分析・評価し、即戦力になるものをピックアップする。求人企業が知りたいのは、「**自社に必要なキャリアやスキル**」を応募者が持っているかどうか。希望職種の具体的な仕事の内容を把握していると、役に立つスキルの絞り込みができる。

## 手順③ 選択した情報をわかりやすく加工する

**情報は、正確かつわかりやすくなければならない。採用担当者が読むということを意識して、ひと工夫した表現を心がける。**

### “ビジネス文書” であることを念頭に書く

職務経歴書も、ビジネス文書の１つであることを忘れないようにする。一文がやたらと長いもの、ポイントを絞ってないものは、ビジネス文書として失格。書くときは、できるだけ**短いセンテンス**で、**箇条書き**を基本とする。

そのほか、下記の点に注意して、シャープな印象を与えるよう工夫する。

①内容にメリハリをつける

重点を置くのは**希望職種**に関連する部分で、あとは軽く流す程度でよい。メリハリをつけることで、アピールポイントを読み手に鮮明に印象づけることができる。

②「私は」「〜した」を省略する

「私は」「私が」の文字が何度も出てくると、うるさい印象を与えるので省く。「〜した」もできるだけ省略すると、文全体が引き締まって力強さが加わる。**体言止め**は、インパクトを出すのに効果的。

（例）「社内ＯＡ研修の企画・運営を務めた」

→「社内ＯＡ研修の企画・運営を担当」

③画一的な表現を多用しない

ありふれた言い回しでは、相手の心に響くものがない。前向きで積極的な姿勢が感じられる表現を用いる。

（例）「責任者として部下の指導にあたり、売上目標を達成する」

→「責任者として部下に目標設定を指示、営業ノウハウの指導につとめ、売上30%アップを達成」

## 手順④ 項目を立てて内容構成を決める

**採用選考は、限られた時間内で行われる。採用担当者に情報を的確に読み取ってもらうには、目を通しやすい構成にする必要がある。**

### ベースとなる項目を自分なりに組み立てる

中心となる項目は「職務経歴」と「職務内容」の2つだが、これより先に「**希望職種**」「**応募資格**」「**志望動機**」などの項目を立てるのが一般的（希望職種は必ず）。

「応募資格」は、志望企業の応募資格を自分が満たしていることを伝える項目。「志望動機」は、履歴書で記述したものを、さらに具体的に書く必要がある場合に立てる。

### 適性・能力をアピールする項目を立てる

キャリア項目では「**いつ、どんな会社で、どんな仕事をしてきたか**」を記すが、専門知識や資格・免許の取得などの情報を、その流れの中に盛り込んでもかまわない。

セールスポイントとして際立たせるなら、「**資格・免許**」「**PCスキル**」「**語学スキル**」など別項目を立てるか、「**特記事項**」としてひとまとめにする。

### 必要に応じて「自己PR」の項目を

自分が希望職種で使える人材であることを、この項目でアピールする。転職回数が多い、職歴にブランクがあるなどの不利な点をカバーするコメントを加えたり、志望動機や退職理由について、詳しく伝えるのもよい。

## 手順5 用紙・レイアウトを決める

**自己PRの有効ツールとなる職務経歴書も、人に見せる文書として形が整っていなければマイナス印象となる。レイアウトをおろそかにしてはいけない。**

### 用紙は白無地のA4サイズが主流

企業から指定がなければ、どんな用紙を選んでもかまわない。最も一般的なのは、ビジネス書類のサイズの**A4**だが、履歴書と同じ**B5**サイズを使う人もいる。文字量が多ければA4、少ない場合はB5というように、自分の状況に合わせて選べばよい。いずれの用紙も、**横書き**で使うのがルール。

カラーの紙を使っていけない決まりはないが、**白無地**にするのが普通。使うなら淡い色にする。

### 見やすいレイアウトは“余白”が決め手

職務経歴書を作成するときは、余白の使い方が重要になる。紙面いっぱいに文字が詰まっていたのでは、採用担当者をうんざりさせてしまうし、逆に余白ばかりが目につくと、中身がからっぽで入社の熱意がない印象を与えてしまう。

レイアウトを決めるときは「**読みやすさ**」にポイントを置き、**見た目にほどよい余白**を確保するようにする。

### 職務経歴書は“仕上がり”も注目されている

採用担当者が職務経歴書で見るのは、書かれてある内容だけではない。文書の作成という、最も基本的なスキルの有無もチェックしている。

**すっきりしたレイアウトで要領よくアピールポイントを伝えている**職務経歴書は、応募者の実務能力の高さを感じさせるものであることを覚えておきたい。

# 見やすいレイアウトのポイント

### ❶用紙
A4サイズを縦に使用し、横書きで記入する。

### ❷余白
上下・左右に20mm前後の余白をあける。

### ❸表題
用紙の左右中央に「職務経歴書」と大きく記入する。

### ❹作成年月日
表題から1行あけて、作成した日付を右端に記入する。

職 務 経 歴 書

令和○年○月○日

青木雄平（○歳）

**【希望職種】**

**【応募資格】**

### ❺氏名
作成年月日の下に、それよりやや大きめに記入する。表題より大きくならないように。捺印は氏名の右横。

### ❻年齢
氏名の横か下にカッコ書きで記入する。

### ❼見出し
氏名から1行あけて左端に記入。見出しは、すべて左端にそろえる。

### ❽文字数
40〜45字×40〜42行にまとめる。

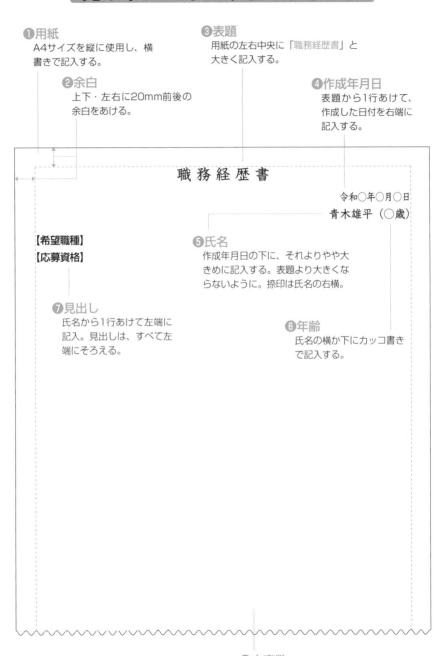

## 手順❻ スタイルを決める

**基本的に職務経歴書の書き方は自由だが、一般的なスタイルに「編年体式」と「キャリア式」がある。希望職種にアプローチしやすいほうを選べばよい。**

### 「編年体式」でまとめる

最も一般的で書きやすいのが、**時系列で職歴を書いていく**編年体式。入社から始まり、配属、異動、昇進などをポイントにしながら、職歴を年代順に並べる。実績や成果は、その間の出来事として、職務内容に続けて記載する。

【メリット】プロセスを通して見ることで、採用担当者は応募者の能力や適性の伸展性を判断しやすい。

【デメリット】実務経験が経歴の中に埋もれてしまい、特定のものを強調しづらい。アピールしたい部分は、補足する項目を立てて特記するとよい。

### 「キャリア式」でまとめる

勤務先や年代にこだわらず、**担当した業務内容ごとに職歴をまとめる**のがキャリア式。強調したい職務は詳しく、そうでないものは簡略化して書くことができる。

【メリット】職務内容を中心にまとめるので、実務能力や専門スキルをアピールするのに適している。技術職、専門職などのエキスパートに最適の形式。

【デメリット】現在に至るプロセスがわかりづらい。冒頭で、簡単な編年体の職歴を書き添えておくとよい。

### 「フリースタイル式」でまとめる

編年体式やキャリア式を**自分流にアレンジ**したものがフリースタイル式。詳しくは79ページ参照。

# 「編年体式」のフォーム例

## 職務経歴書

令和○年○月○日
青木雄平（○歳）

**【希望職種】** 営業企画

**【応募資格】** 営業経験者

**【職務経歴】**

平成○年４月　　株式会社アイワ販売入社
（本社／大阪、事業内容／輸入家具販売）
新入社員研修にて、ビジネスマナーや自社業務・商品における基礎知識の習得。

> ポイント❶
> 配属や異動、昇進などが行われた時期ごとに区切って書くため、**仕事の達成度や能力**を強調しやすい。新しい出来事から先に書く逆時系列のスタイルもあるが、**日本では古いものから順に書く**のが一般的。

平成○年3月　　営業部営業三課に配属
□□□□□□□□□□□
<業務内容>
・□□□□□□□□□□□□□□□□□□□□□□□□□。
・□□□□□□□□□□□□□□□□□□□□□□□□□□□□□。

平成○年9月　　係長に昇格
□□□□□□□□□□□□□□□□□□□□□□□□□□□□□。
<業務内容>
・□□□□□□□□□□
・□□□□□□□□□□
・□□□□□□□□□□

> ポイント❷
> 担当した業務がわかりづらいので、**箇条書き**にして示すとよい。とくに希望職種にアプローチできる業務は、そこに**日付を入れて区切る**など、目を引くように工夫する。

令和○年６月　　営業部営業推進課に転属
□□□□□□□□□□□□□□□□□□□□□□□□□□□□□□。
□□□□□□□□□□□□□。
□□□□□□□□□□□□□□□□。
□□□□□□□□□。

> ポイント❸
> このスタイルは、職種や担当業務が多い人にはあまり向かない。**クローズアップしたい実務経験にコメントを添えたり**、「**自己PR**」を設けて“売り”をアピールする必要がある。

令和○年５月　　株式会社アイワ販売を退職
□□□□□□□□□□□□□□□□□□□□□□□□□□□□□□□□□□
□□□□□□□□□□□□□□□□□□□□□□□□□□□□□。

**【自己PR】** □□□□□□□□□□□□□□□□□□□□□□□□□□□□□□□□□□□
□□□□□□□□□□□□□□□□□□□□□□□□□□□□□□□□□□□
□□□□□□□□□□□□□□□□□□□□□□□□□□□□□。

# 「キャリア式」のフォーム例

## 職務経歴書

令和○年○月○日

伊藤麻里（○歳）

**【希望職種】** 総務部スタッフ

**【志望動機】** □□□□□□□□□□□□□□□□□□□□□□□□□□□□□□□□□□□
□□□□□□□□□□□□□□□□□□□□□□□□□□□□□□□□□□□
□□□□□□□□□□□□□□□□□□□□□□□□□□□□□□□。

**【職　歴】**

| | |
|---|---|
| 平成○年４月～平成○年５月 | 若葉商事株式会社入社。総務部庶務課 |
| 平成○年６月～令和○年５月 | 総務部採用教育課 |
| 令和○年６月～現在 | 総務部庶務課 |

**【職務内容】**

■人事関連の庶務全般

・□□□□□□□□□□□□□
・□□□□□□□□□□□□□

<実 績>

□□□□□□□□□□□□□□□□□□□□□□□□□□□□□□□□□□□
□□□□□□□□□□□□□□□□□□□。

■新入社員教育・各研修の企画・運営

・□□□□□□□□□□□□□□□□□□□□□□□□□□□□□□□□□□□。
□□□□□□□□□□□□□□□□□□□□。
□□□□□□□□□□□□□□。

□□□□□□□□□□□□□□□□□□□□□□□□□
□□□□□□□□□□□□□□□□□□□□□□□□□□□。

■社内文書の作成・文書管理

・□□□□□□□□□□□□□□□□
・□□□□□□□□□□□□□□□□

<実 績>

□□□□□□□□□□□□□□□
□□□□□□□□□□□□□□□

**【取得資格】**

・□□□□□□□□□□□□□□□（平成○年○月取得）
・□□□□□□□□□□□□□□□□□□□（令和○年○月取得）

**ポイント❶**

これまでに経験した職務内容を、わかりやすく整理して記入していく。仕事の内容を中心としたものなので、**勤務先が異なっても、同じ種類の業務をひとまとめ**にして書くこともできる。

**ポイント❷**

職務内容が長くなると、それぞれの勤務年月がわからなくなる。**年代順の職歴を、はじめに書き込んでおく**と親切。

**ポイント❸**

この「キャリア式」は、キャリアが豊富な人や職務内容が多岐にわたっている人にだけ適しているわけではない。職歴が少ない場合でも、**業務内容を項目に分けて書き出すことでキャリアの幅を広げる**ことができる。

# 「フリースタイル式」のフォーム例

## 職務経歴書

令和○年○月○日
上田史郎（○歳）

**【希望職種】** 企画開発スタッフ

**【職務経歴】**

平成○年４月　和平電機株式会社入社
（資本金9000万円／年商150億円／従業員数650名）
平成○年５月　人事部に配属
平成○年３月　事業管理部に転属
令和○年９月　企画運営部に転属

ポイント❶
「編年体式」と「キャリア式」にこだわらず、それぞれのいいところを取って自分流にまとめるのも１つの方法。独自のものを作ることができれば、**PC活用のスキル**を効果的にアピールできる。

**【職務内容】**

■人事管理の諸業務

| 期　間 | 業務内容 | 実　績 |
|---|---|---|
| 平成○年５月～<br>平成○年２月。 | ・□□□□□□□□□□<br>□□□□□□□。<br>・□□□□□□□□□□<br>□□□□□□□□□。<br>・□□□□□□□□□□<br>□□□□□□□□。 | ・□□□□□□□□□□<br>□□□□□□□□□。<br>・□□□□□□□□□□<br>□□□□□□□□□□<br>□□□□□□□□。 |

■工場計画の企画・立案

| 期　間 | 業務内容 | 実　績 |
|---|---|---|
| 平成○年３月～<br>平成○年８月 | ・□□□□□□□□□□<br>□□□□□。<br>・□□□<br>□□□<br>・□□□<br>□□□ | ・□□□□□□□□□□<br>□□□□□□□。<br>□□<br>□□<br>□□ |

ポイント❷
この例のように**ボックス**を作ると、それぞれの業務にまとまり感が出て、習得した知識やスキル、あるいは実績などがわかりやすい。

■生産性向上に関する諸業務

| 期　間 | 業務内容 | 実　績 |
|---|---|---|
| 令和○年９月～<br>現在 | ・□□□□□□□□□□<br>□□□□□□。<br>・□□□□□□□□□□<br>□□□□□□□□。<br>・□□□□□□□□□□<br>□□□□。 | ・□□□□□□□□□□<br>□□□□□□□□□。<br>・□□□□□□□□□□ |

ポイント❸
ビジュアルなまとめ方はインパクトが強いが、**あまりやりすぎると見づらくなる**ので注意する必要がある。

## 手順⑦ 見栄えをよくして仕上げる

**最後まで「見やすさ」に気を配って書かれた書類は、確実に採用担当者の目を引き、好印象を与える。見る立場になってチェックを。**

### 表題・見出しは本文と区別した書き方で

書類の中でいちばん変化をつけたいのは、表題の「職務経歴書」と見出しの「希望職種」「職務経歴」など。パソコンで作成するなら、**表題は拡大文字、見出しは本文と違う太い書体（ゴシック体）**にするなどして変化をつける。見出しの頭に、■や●などの文書記号をつけて目立たせる方法もある。

手書きの場合は、**太めのペン**を使用するとよい。

### 小見出しをつけて内容を読ませる工夫を

「職務内容」の項目には、仕事の具体的な内容のほかに、担当して行った実務、自分の役割、実績などの情報も入る。同じ調子で書くと読み流されてしまうので、「**役割**」「**実績**」などと**小見出しを設ける**と、そこの細かい説明にも目がいくようになる。

### 箇条書きや表組みを上手に使う

「手順③（72ページ）」でも述べたとおり、職務経歴書の書き方は箇条書きが基本（「志望動機」や「自己PR」は除く）。読み手にはポイントがわかりやすく、書き手には必要事項の記入もれを防げるメリットがある。

同じ小見出しが何度も出てくるような場合は、**表組み**にするとわかりやすく、見た目もきれいになる。

# 見やすくするための工夫

## 書き流しを避け、小見出しや箇条書きを利用する

「専門店を対象にした営業サポート業務。その主な内容は、商品の売り上げに関する書類作成、受注・契約書の作成、入荷商品の仕分け・発送、顧客との電話応対など」

↓

■**専門店を対象にした営業サポート業務**
①商品の売り上げに関する書類作成
②受注・契約書の作成
③入荷商品の仕分け・発注
④顧客との電話応対など

## とくにアピールしたい箇所にアンダーラインを引く

その部分が強調され、アピールできる。ただし、何箇所にも引くのは逆効果。文字にシャドーをつけるなど、パソコンを使っての「やりすぎ」も、真面目さを疑われるので注意する。

## グラフを使って実績をビジュアル化する

販売実績などをグラフ化すると、伝えたいことが一目瞭然であるうえに、プレゼンテーション能力もアピールできる。

- 棒グラフ（**量の推移**を強調したいとき）
- 折れ線グラフ（**伸び率**を強調したいとき）
- 円グラフ（**構成比**を強調したいとき）

# 「書くことがない」ときはどうするか

職歴が浅くて特記するほどの実績がない場合、書類をどう埋めるかは頭の痛い問題です。空白がやたらと目立つ書類は、能力・実績ともに不足している印象を与えかねないので、そのまま提出することは避けなければなりません。

こうしたケースでは、これまでやってきた仕事を振り返り、その内容をできるだけ具体的に書くことが必要です。どんなに些細なことでもかまいません。真面目に取り組んでいたことで、仕事に対しての意欲を示すようにします。

新人研修でビジネスマナーを学んだことは、大事なアピール材料になります。それを受けているかいないかの差は、意外に大きいもの。必ず記入するようにしましょう。

こうしたことに加えて、「志望動機」や「自己PR」などで、自分の〝キャラクター〟を伝えることが必要です。ある程度のことはこの部分でカバーできるので、「仕事に前向きな姿勢」を感じ取ってもらえる記述を、自分なりに工夫するようにしましょう。

職歴が浅い人の書類で採用担当者が見るのは、「これからの方向性がわかっているか」ということです。学生時代のアルバイトでも、希望職種に多少なりとも接点のあるものがあれば、方向性を示す意味で積極的に書いたほうがよいでしょう。

レイアウトやスタイルは、注目してほしい志望動機や自己PRを目立たせるようなものを考え、空白の部分が多くならないようにします。

書くべきことが少なくても、こうした工夫で何とか乗り切れるものです。あとは、仕事に対する熱意を、あなたがどれだけ伝えられるかにかかっています。

PART 4

# 職務経歴書のケーススタディ

立場・状況に合わせて
自分を的確に伝える

# 営業職の場合

ここをチェック

- □営業は、幅の広い職種。キャリアを正確に伝えるために、取り扱った商品や対象顧客、営業方法、実績などについて、明確に記述することがポイントになる。
- □実績を上げるまでのプロセスを具体的に述べ、求められているニーズとの適合性をアピールする。

## ●営業の〝中身〟をはっきり伝える

営業は、あらゆる業界になくてはならない職種だけに、取り扱う商品や客層はさまざまです。経験する内容も大きく違うので、その違いを明記しなければなりません。

基本的な事項は次のとおりです。

〈取扱商品〉取り扱ってきた商品の種類や価格など。

〈対象顧客〉法人か個人か。法人ならどのような会社か。個人の場合は性別や年齢層。

〈活動エリア〉担当した地域。

〈営業方法〉新規開拓営業か、ルートセールスか、代理店開発かなど。

〈営業実績〉売上実績や流通ルートの開拓、表彰経験など。

〈顧客管理〉担当した顧客数。人脈。

## ●実績を数字で表せるのが強み

営業職にはノルマや目標があり、その達成状況は数字で表されるのが普通です。そのため、実績はその数字を織り交ぜることで表現しやすく、それが営業職の強みとなっています。

職務経歴書の作成にあたってはこの強みを最大限に生かし、説得力のある内容にすることが大切です。数字を入れるだけでなく、グラフにしてアピールするのもよいでしょう。

## ●求められているニーズを念頭に置く

**同じ営業職でも、ニーズは業種によって異なります。**どんな資質や能力が求められているのかを理解し、それを念頭に置いて、自分のキャリアの中からアピールすべき材料を探しましょう。

実績がすべてでも、そのプロセスは人それぞれです。身につけた営業ノウハウやセンスを、実体験を交えて具体的に記述するのも効果的です。

# 営業職の基本例

## 職務経歴書

令和○年○月○日

江藤高雄（35歳）

■**希望職種**：営業開発

❶

■**応募資格**：営業経験13年間（不動産業）

■**職務経歴**：平成○年４月　セントレア不動産株式会社入社
（本社／東京、従業員数／1800名）

| 所属・期間 | | 業務内容・実績 |
|---|---|---|
| | ❷ | |
| 横浜支店<br>営業第２課<br>平成○年５月<br>～平成○年４月 | | 〈平成○年６月、第２課係長に昇進（部下6名）〉 |
| | ❸ | ◇一戸建て・マンションの仲介業務に従事。 |
| | ❹ | ◇新聞広告やチラシによる反響セールスのほか、１日約30件を目標に訪問営業を展開。 |
| | | ◇加えて、窓口での対応から物件の引き渡しまでを遂行。 |
| | ❺ | ◇年間売上成績第3位を獲得（同期25人中） |
| 本社営業部<br>海外リゾート課<br>平成○年５月<br>～現在 | | 〈令和○年６月、海外リゾート課課長に昇進（部下18名）〉 |
| | | ◇主としてハワイ、グアム、サイパンなどのリゾートマンションの販売に従事。 |
| | | ◇高額所得者名簿などに基づく見込み客訪問、ＤＭによる反響セールスを行う。 |
| | ❻ | ◇自社開発物件の企画を担当。シンガポールに開発した会員制の物件は、発売１か月で完売。 |
| | ❼ | ◇顧客（大手総合商社の会長）からの信用を得て12件の紹介をもらい、10件の契約を獲得。 |

■**取得資格**：宅地建物取引士（令和○年12月取得）

■自己PR❽

入社以来、一貫して不動産業に携わってまいりました。ただ売るだけの営業活動ではなく、お客様のハウスアドバイザーとして温かみのある営業を心がけてきたことが業績につながり、私の大きな喜びと自信になっております。

やりがいのある職場でしたが、業績悪化による業務縮小となり、これを機に、注文建築の分野で自分の企画力を生かせる営業をしたいと考えました。13年間の経験とスキルを集大成して取り組む覚悟です。

### ポイント

❶求人広告の応募資格に沿って、自分の職歴を要約して書くこともある。
❷昇進は辞令が出された年月を記入。部下の人数も記す。
❸取扱商品を入れ、担当した分野を書く。
❹行った実務を具体的に挙げる。営業方法も明記。
❺目標の達成状況を詳しく書く。契約件数、売上高などを具体的な数字で記すとよい。
❻希望職種と関係がある業務の記述は、できるだけ詳しく。下線をつけたり、ゴシック体にしてアピールするのもよい。
❼顧客からの紹介は、信頼関係が築かれている証拠。人脈もアピールできる。
❽退職理由を織り交ぜながら、自分の営業スタイルや今後どう貢献するかなどを記載する。

# 営業職の例 ✕

## 職務経歴書

令和○年○月○日

遠藤弘道（34歳）

■希望職種　営業スタッフ

■職務経歴

| | |
|---|---|
| 平成○年４月 | パープル化粧品株式会社入社 |
| | 新人研修。ビジネスマナー、業務に関する基礎知識。 |
| 5月 | 営業二課に配属。スキンケア商品を担当。 |
| 平成○年４月 | 社内営業コンテストで新人部門トップ賞を獲得。 |
| 11月 | 上半期新規開拓率前年比130%を達成。 |
| 平成○年３月 | 年間営業目標を達成。優秀営業担当者に選ばれる。 |
| 10月 | 主任に昇格。 |
| 平成○年５月 | 販売シェア拡大のためのプロジェクトチームに参加。 |
| | 「太陽がいっぱい」キャンペーンを展開。 |
| 10月 | 同キャンペーンによりスキンケア部門総売上前年比200%を達成。 |
| | プロジェクトチームは「社長賞」を受賞。 |
| 平成○年３月 | 営業一課に転属。コスメティック商品を担当。 |
| ９月 | 競合他社との営業戦に勝ち抜き、新規取引客拡大に貢献したことにより「営業部長賞」を受賞。 |
| 12月 | 年末拡張キャンペーンでジュニアメーク・シリーズの売上実績を上げ、前年比170%を達成。 |
| 平成○年３月 | 年間営業目標を達成。優秀営業担当者に選ばれる。 |
| 平成○年７月 | 新商品開発に関するアイデアを商品企画部に提案、「無添加イブ」シリーズとしてヒットする。 |
| 平成○年２月 | 「無添加イブ」シリーズのコンビニ販売により、コスメ市場占有率首位となり、「営業部長賞」を受賞。 |
| ９月 | 係長に昇格。 |
| 令和○年４月 | 「エイジングケア」プロジェクトチームのチーフとなる。 |
| | 「時間よ止まれ」キャンペーンを展開。 |
| 11月 | 同キャンペーンにより新規取引客を大幅に増やし、「エイジングケア」総売上が５億円突破を達成。 |
| 12月 | 「エイジングケア」プロジェクトチームは「営業部長賞」を受賞。 |
| 令和○年６月 | 新規取り扱い商品の「ＵＶパープル」が大手ドラッグストアを中心にヒット。売上１億円を達成。 |
| 令和○年５月 | サプリメント部門を担当。 |
| 10月 | 自社ブランド「コラーゲンＥＸ」がサプリメント市場占有率第３位になる。 |

**ポイント**

- 自分がいかに多様なキャリアと実績を積んできたかを伝えるべく、やってきたことを連綿とつづっている。優秀な営業マンなのはわかるが、ただ並べるだけではアピール度は弱い。どこにスポットライトをあてるか、が大切。
- こうしたメリハリのない書き方は、多くの書類に目を通さねばならない採用側をげっそりさせる。アピールしたい箇所は、別に項目を立ててそちらにまとめて記載するなど、**目立たせ方を工夫**する。

# 営業職の例

## 職務経歴書

令和○年○月○日

遠藤弘道（34歳）

**■希望職種**　営業スタッフ

**■経歴要約**　化粧品会社のスキンケア・コスメティック・サプリメント部門で、12年強の営業経験を積みました。主に新規の市場開拓を担当。シェアを広げながら、顧客の満足度アップ、取引条件の交渉、各種キャンペーンの企画・実行に積極的に取り組みました。

**■実　績**

◇各種キャンペーンの実施と成功

| | |
|---|---|
| 平成○年５月 | 販売シェア拡大のためのプロジェクトチームに参加。「太陽がいっぱい」キャンペーンを展開。 |
| 10月 | 同キャンペーンによりスキンケア部門総売上前年比200％を達成。プロジェクトチームは「社長賞」を受賞。 |
| 平成○年12月 | 年末拡張キャンペーンでジュニアメーク・シリーズの売上実績を上げ、前年比170％を達成。 |
| 令和○年４月 | 「エイジングケア」プロジェクトチームのチーフとなる。「時間よ止まれ」キャンペーンを展開。 |
| 11月 | 同キャンペーンにより新規取引客を大幅に増やし、「エイジングケア」総売上が５億円突破を達成。 |
| 12月 | 「エイジングケア」プロジェクトチームは「営業部長賞」を受賞。 |

**■職務経歴**

| | |
|---|---|
| 平成○年４月 | パープル化粧品株式会社入社 |
| ５月 | 営業二課に配属。スキンケア商品を担当。 |
| 平成○年４月 | 社内営業コンテストで新人部門トップ賞を獲得。 |
| 平成○年３月 | 年間営業目標を達成。優秀営業担当者に選ばれる。 |
| 10月 | 主任に昇格。 |
| 平成○年３月 | 営業一課に転属。コスメティック商品を担当。 |
| 平成○年３月 | 年間営業目標を達成。優秀営業担当者に選ばれる。 |
| 平成○年７月 | 新商品開発に関するアイデアを商品企画部に提案、「無添加イブ」シリーズとしてヒットする。 |
| 平成○年２月 | 「無添加イブ」シリーズのコンビニ販売により、コスメ市場占有率首位となり、「営業部長賞」を受賞。 |
| ９月 | 係長に昇格。 |
| 令和○年６月 | 新規取扱商品の「ＵＶパープル」が大手ドラッグストアを中心にヒット。売上１億円を達成。 |
| 令和○年５月 | サプリメント部門を担当。 |
| 10月 | 自社ブランド「コラーゲンＥＸ」がサプリメント市場占有率第２位になる。 |

**ポイント**

- 並べただけだった職歴からキャンペーン部分を取り出し、「実績」の項目を立ててまとめた。こうすることで、キャンペーンを成功させた手腕をアピールできる。
- 採用担当者が「実績」に目を通す前に、おおよその人物像をつかんでもらうため、「経歴要約」の項目を立てた。これでスムーズに仕事の成果を理解してもらえる。
- 書くことが多いときは、採用選考の評価ポイントに合うようなものだけを選び、あとは捨ててしまう勇気も必要。

# 販売・サービス職の場合

ここをチェック

- □取扱商品や対象顧客など、説明すべき事項は営業職と同じだが、いろいろな職種の要素を併せ持っている販売職は、希望職種に合わせてスキルをアピールすることができる。
- □実績だけでなく、接客に対して自分なりに考えていることも記すようにする。

## ●売り込む内容は営業職に準じる

販売職は営業職と共通する部分が多く、取扱商品や対象顧客、販売方法（訪問販売か店舗販売か）などについて明記するのは同じです。

実績を具体的な数字で示すのも同様で、ノルマや目標の達成状況、売上成績などは、絶好のアピール材料になります。

サービス職は、業務内容を説明するうえで、**勤務先の業種・業態を記す**必要があります。前年比など、売上実績の数字も、できれば入れるようにしましょう。

## ●接客業務以外のスキルをアピール

販売職やサービス職は、現場での接客・販売業務が中心ですが、それにとどまらず、売上管理、在庫管理、商品の仕入れ、催事の企画、スタッフ管理などといった幅広い業務も付随しています。

したがって、現場でどんな役割を担当し、どんな業務をやっていたのかを具体的に伝えることが評価につながります。「イベントの企画に携わった」「ディスプレイを担当していた」など具体例を挙げ、希望職種に結びつけることがポイントです。

## ●接客に対する自分の姿勢を示す

数字を挙げて実績をアピールすることも大切ですが、**販売・サービス職における接客業務では、人とのつき合い方も重要な評価のポイント**になります。接客に対して自分なりに考えていることやポリシーなどがあれば、それも職務経歴書の中に書き添えておくとよいでしょう。

商品を売るために、あるいはサービスを提供するためにお客様とどうかかわったか、どうやって心をつかんだか、といった点も、ぜひふれておきたいことです。

# 販売職の基本例

## 職務経歴書

令和○年○月○日

及川卓也（31歳）

**〈希望職種〉**　販売マネージャー

**〈応募資格〉**　販売経験８年間（婦人服）

**〈職務経歴〉**

平成○年４月　片桐商事株式会社入社
（事業内容：婦人服・婦人雑貨の企画・販売）
平成○年５月　東西百貨店 新宿店インショップに配属
平成○年４月　東西百貨店 渋谷店インショップに転属
令和○年11月　東西百貨店 日本橋本店に異動、店長代理に昇格。
令和○年９月　丸光百貨店 銀座店に異動、店長に昇格。
令和○年４月　三井百貨店 新宿店に店長として配属、現在に至る。

**〈主な職務内容〉**

平成○年５月～平成○年３月／東西百貨店 新宿店
❶――◇婦人カジュアル服の接客販売、包装、金銭授受と処理。
◇在庫管理、展示ディスプレイ、DM発送など。
平成○年４月～平成○年10月／東西百貨店 渋谷店
◇接客販売、在庫管理、商品展示・陳列、顧客管理など。
❷――◇売り場レイアウト、商品構成を変えることにより、売上維持に貢献。
令和○年11月～令和○年８月／東西百貨店 日本橋本店
◇接客販売、顧客管理、スタッフ管理など。
❸――◇接客マニュアルの見直しをはかり、サービス向上に努めたところ、前年同月売上を６か月連続クリア。
◇顧客管理キャンペーンで入賞。
令和○年９月～令和○年３月／丸光百貨店 銀座店
◇販売促進計画の作成・推進。商品の在庫・発注管理。
◇特別セール、イベントの企画立案・実施。
◇ティーン層に向けた売り場づくりを提案。集客率150％を達成。
令和○４月～現在／三井百貨店 新宿店
❹――◇AI導入による顧客データの洗い直しで品揃えを一新。総売上前年比210％を実現。
◇ラッピングペーパー・パッケージのデザイン刷新を実施、若年層の顧客獲得に成功。
◇年間売上21店舗中トップを達成、優秀賞を受賞。

### ポイント

❶同じ衣料販売でも、婦人服、ヤングカジュアル、紳士服などで接客ノウハウが違うので、**取扱商品は必ず明記**。
❷**売上実績**に関して自分がかかわったことは詳細に記す。
❸店長・店長代理などの経験者は、人事管理の実績や販売システムの改善をアピールできる。
❹実績はできるだけ**具体的な数字**を入れ込む。

# 販売・サービス職の例 ×

職務経歴書

令和○年○月○日
太田正志（33歳）

【希望職種】　店長候補

【職務経歴】
平成○年４月　株式会社あけぼのフーズ入社
会社概要：所在地　東京都港区芝○～○～○
資本金　５億3000万円／年商50億円
事業内容　総合フードビジネスの企画・開発
平成○年５月　本社にて新人研修後、直営デリカ店「あけぼの」池袋店に配属。
◇デリカの接客販売。
◇店内清掃・商品陳列。
◇業者との電話応対。
平成○年４月　池袋店アシスタントマネージャーに昇格
◇売場構成、展示陳列。
◇スタッフの総括管理。
◇在庫管理、仕入れ・発注業務。
◇内装の見直し企画・実施。
◇インストア調理商品の企画。
令和○年10月　池袋店マネージャーに昇格
◇インストア調理商品のメニュー見直し。
◇定期キャンペーンの企画・運営。
◇中元・歳暮用商品の販売。
◇アルバイト社員の人事評価システムの構築・実施。
令和○年５月　ロイヤルホテル展望レストラン街直営店にマネージャーとして異動。
◇接客サービス・仕入れ業務。
◇スタッフの総括管理。
◇在庫管理・計数管理。
◇ランチ限定メニューの企画・実施。
◇リピーター獲得のための販促活動・市場調査。

**ポイント**

- 基本的に現場主義である販売・サービス職は、１つの職場でさまざまな業務をこなさなければならない。それは同時に、さまざまなスキルを習得できるということでもあり、行った業務については詳しく書くこと。
- 希望職種を「店長候補」としている以上、問われるのはマネジメント能力。スタッフ管理やアルバイトの指導・教育で実施したことを挙げ、その結果どうなったのかを記したい。
- 業務内容は説明してあるが、実績については何も記載がない。営業職と同様に、販売実績などの具体的な数字も入れるようにしたい。

# 販売・サービス職の例

## 職務経歴書

令和○年○月○日

太田正志（33歳）

**【希望職種】** 店長候補

**【職務経歴】**

平成○年４月　株式会社あけぼのフーズ入社

会社概要：所在地　東京都港区芝○～○～○

資本金　5億3000万円／年商50億円

業務内容　総合フードビジネスの企画・開発

平成○年５月　新人研修後、直営デリカ店「あけぼの」池袋店に配属。

平成○年４月　アシスタントマネージャーに昇格。

令和○年10月　マネージャーに昇格。

令和○年５月　ロイヤルホテル展望レストラン街直営店「マリーナ」にマネージャーとして異動。

**【職務内容】**

| 所　属 | 業務内容・実績 |
|---|---|
| 「あけぼの」池袋店（６年２か月） | 〈担当業務〉<br>◆デリカの接客販売。<br>◆売場構成、商品の展示・陳列、在庫管理、仕入れ・発注業務。<br>◆スタッフ（21名）の総括管理。<br>◆内装・インストア調理商品のメニュー見直し企画・実施。<br>◆定期キャンペーンの企画・運営。<br>◆中元・歳暮用商品の販売。<br>◆アルバイト社員の人事評価システムの構築・実施。<br>〈実　績〉<br>◆インストア品目の嗜好調査を実施。それに基づきメニューや量を工夫し、総売上前年比40％増達成。<br>◆若い主婦、高齢単身世帯を対象にパック詰めの少量化を実施。同規模店トップの売上を達成。<br>◆アルバイトへの指導・教育を徹底、働きやすい職場づくりにも努め、定着率は都内18店舗中トップ。 |
| 直営レストラン「マリーナ」（２年２か月） | 〈担当業務〉<br>◆接客サービス・仕入れ業務。　◆スタッフ（38名）の総括管理。<br>◆在庫管理・計数管理。　◆ランチ限定メニューの企画・実施。<br>◆リピーター獲得のための販促活動・市場調査。<br>〈実　績〉<br>◆女性をターゲットに厳選素材のランチ限定メニューを企画・実施。カロリー表示が女性誌で話題となり、年間総売上２倍を実現。<br>◆「今日は何の日」キャンペーンを実施。誕生日・結婚記念日など特別な日に来店したお客様に半額のキャッシュバックを行い、過去最高の月間売上を記録。 |

**ポイント**

● 実務能力をアピールするのに実績は多いほどよいと思われがちだが、あまり多すぎると焦点がぼやけてしまう。とくに目立った実績を上げたものだけをピックアップし、それについて説明を加えるようにする。

● スタッフの管理に関しては、何人を統括していたのか人数を書き込むのが基本。人数が多ければ、それだけマネジメント能力や統率力、コミュニケーション力が前職場で評価されていたことになり、アピール材料となる。

# 事務職の場合

ここをチェック

- □営業・販売職などと違い、業績や成果を数値で表しにくいのが事務職だが、こなした業務や自発的に取り組んだことなどを記載することで、十分アピールはできる。
- □取得資格やＰＣスキルなどについても、積極的に強調する。

## ●経験した業務はすべて記載する

実務能力をアピールするには実績を数値で示すのがいちばんですが、事務職はそれができにくい職種といえます。

そのため、自分を売り込む方法は、これまで経験した職務内容のすべてを、具体的に盛り込むことに尽きます。その内容が志望企業のニーズに合えば、採用される可能性があるわけです。

内容は、どんな仕事に、どのように関与したかをはっきりさせ、**かかわった業務が多岐にわたる場合は、それぞれを簡略化して記載**します。

## ●持っている資格やスキルの記述は具体的に

営業・販売職などと比べて、事務職の採用枠は少ないのが普通です。その中で採用を勝ち取るには、一つでも多くの「できること」を示す必要があります。

とくに、商売道具とも言える取得資格やＰＣスキルの記述は必須で、ＰＣスキルは、使えるソフトや操作レベル（Ｅｘｃｅｌのマクロ作成が可能など）まで書くようにします。

貿易事務や秘書などの場合は、語学スキルも記載します。

実務経験を重視されるので、こうした**資格やスキルはただ列挙するだけでなく、実務にどう生かしているかも書き込む**とよいでしょう。

## ●〝提案型〟をアピールして差別化を図る

さらに、日常の業務に終始しやすい事務職では、仕事に意欲的な人材であることをアピールして、差別化を図ることも大切です。

メインの仕事以外に、オフィス環境の改善や業務の効率化のために自発的に取り組んだことがあれば、強みとなるので具体的に記載しましょう。

# 事務職の基本例

## 職務経歴書

令和○年○月○日

加藤千秋（29歳）

**■希望職種**／総務・人事

**■職務経歴**／平成○年４月　株式会社コジマ商会入社

（服飾雑貨販売：資本金8000万円：従業員数230名）

２週間の新入社員教育にて、自社業務・商品における基礎知識、ビジネスマナーを習得。

平成○年５月　総務部庶務課に配属

❶
◇人事関連の庶務全般（名簿作成・異動に伴う手続き）
◇事務機器・社用自動車の管理、社内営繕
◇Excel による社員データベース作成
◇ファイリングシステムの導入・管理

令和○年３月　総務部人事課へ異動

◇中途及び新卒者を対象とする求人活動
◇各部署とのヒアリングに基づき、年間採用計画の作成
❷◇インターネットによる応募受付を提案、実行
❸◇日常業務に加え、後輩のＯＪＴを担当

令和○年９月　新入社員研修の準備と指導を担当

◇新入社員教育・各研修の年間計画作成
◇中途採用社員研修システムの企画・立案

令和○年７月　一身上の都合により退職、現在に至る。

❹
**■ＰＣスキル**／Windows 10・11（Word，Excel）
ビジネス文書の作成、データ集計。Excelはマクロ・VBAの機能操作、ピボットテーブルの作成が可能。

**■志望理由**／有能な人材確保は企業運営に不可欠な職務であり、大変やりがいのある仕事だと思っております。「企業は人」の経営理念のもとに、個性的な人材を受け入れている貴社で、即戦力として人材開発業務に貢献しながら、自分自身も新たなキャリアを積んでいきたいと思い、応募させていただきました。

### ポイント

❶担当した業務については内容を簡潔に記載。
❷日常業務以外に自分の提案で取り組んだことがあれば、忘れず記入してアピールする。
❸業務に関係ないことでも、後輩の指導にあたったことはアピールポイントになる。
❹事務職では、取得資格やPCスキルの記述が不可欠。使用ソフトなども書き添える。

# 事務職の例 ✕

## 職務経歴書

令和○年○月○日

片岡佳恵（34歳）

〈希望職種〉　経理スタッフ

〈応募資格〉　経理事務の経験（12年）

〈職務経歴〉　平成○年4月　夕日食品株式会社入社
（資本金8000万円／年商150億円／従業員数340名）
平成○年5月　新人研修後、総務部経理課に配属
◇伝票起票・伝票仕訳・伝票入力
◇勘定管理（未払金・各費用・収益の勘定チェック）
◇各営業所の伝票チェック・指導
◇月間の売上勘定書作成・管理
◇売上集計、各種報告書の作成
◇月次決算／中間決算業務
◇年次決算業務補助（各銀行残高証明書の発行依頼・残高チェック・未払金管理ほか）
◇給与計算業務、社会保険事務

令和○年4月　経理課主任に昇進
◇新会計システム導入に伴う社内マニュアル作成
◇融資手続き書類の作成

令和○年6月　一身上の都合により退職、現在に至る。

〈取得資格〉　日商簿記検定2級（平成○年7月取得）
社会保険労務士（令和○年11月取得）

〈PCスキル〉使用ソフト／Word，Excel，PowerPoint，会計ソフト（勘定奉行）

**ポイント**

● 同じ会社で同じ仕事を長く続けてきた人の場合、勤続年数が長いからといって、必ずしも実力があるとは思われないことに注意。仕事のレベルが勤続年数に見合っていないケースもあるので、**即戦力の明示**がカギとなる。

● 実務経験を具体的に挙げることが必要だが、あまりに細分化されるようなときは、採用側が求める人材に合ったものを、**自分の「できること」**の中から選んで記入する。それらをこなすスキルがあることを示して即戦力をアピール。

# 事務職の例

## 職務経歴書

令和○年○月○日

片岡佳恵（34歳）

〈希望職種〉　経理スタッフ

〈応募資格〉　経理事務の経験（12年）

〈職務経歴〉　平成○年４月　夕日食品株式会社入社
（資本金8000万円／年商150億円／従業員数340名）
新人研修後、総務部経理課に配属。

平成○年５月〜平成○年７月　定型的な経理業務を担当
◇伝票起票・伝票仕訳・伝票入力
◇勘定管理（未払金・各費用・収益の勘定チェック）
◇月間の売上勘定書作成・管理
◇売上集計、各種報告書の作成
◇現金預金の出納・保管・取引銀行との事務取扱い

平成○年８月〜平成○年６月　月次決算業務も担当
◇売上推移、事業別損益バランス推移など経営資料の作成
◇年次決算業務補助（各銀行残高証明書の発行依頼・残高チェック）
◇給与計算業務・社会保険事務

平成○年７月〜平成○年２月　連結決算業務も担当
◇連結決算による決算業務
◇決算書類の作成

令和○年３月〜平成○年５月　経理課主任に昇進
◇新会計システム導入に伴う社内マニュアル作成
◇融資手続き書類の作成

令和○年６月　一身上の都合により退職、現在に至る。

〈取得資格〉　日商簿記検定２級（平成○年７月取得）、社会保険労務士（令和○年11月取得）

〈ＰＣスキル〉使用ソフト／Word，Excel，PowerPoint，会計ソフト（勘定奉行）

〈自己ＰＲ〉　数字を扱う仕事は私の几帳面な性格に合い、長く取り組んでいきたいと考えています。ＯＡ化が進む中で、会計管理システム導入や連結決算の導入などを経験したことから、経理スペシャリストを目指すようになりました。貴社で、欠かせない人材として成長するのが目標です。

**ポイント**

- 「経理一筋」といった人の職務経歴書は、単調になりがちなもの。列挙した仕事の中で特筆すべきものは、見出しにして目立たせたほうがよい。「連結決算」など関連会社を持つ企業にはニーズが高い業務を担当したことは、大きなアピール材料になる。
- 長く勤務した会社を辞め、別の会社でまた同じ仕事をするという場合、当然その理由が問題となる。採用側が納得する理由に加えて、将来目標についてもふれておきたい。

# 技術職の場合

ここをチェック

- □職務内容が専門的なだけに、すべてを書こうとすると書類1～2枚ではすまなくなる。内容を絞り込んで、目立つようにアピールすることが重要になる。
- □最もわかりやすいのは、キャリア式でプロジェクトや担当した業務ごとにまとめる方法。

## ●まとめ方はキャリア式がベスト

技術職は、ほかの仕事と違って担当する業務がはっきりしているために、専門スキルをアピールするのはそれほどむずかしいことではありません。

**ポイントは、それをいかに正確に、客観的に書くか**です。

職歴をただ時系列に並べるだけでは専門性がぼやけてしまうため、スタイルとしては編年体式よりもキャリア式（76ページ参照）のほうが向いています。プロジェクトや担当した業務ごとに項目を立て、まとめていくのがいちばんよい方法です。

## ●専門知識や技術レベルがわかる書き方を

技術者に求められるのは、専門の知識やスキルです。自分のレベルがどの程度かわかるように、携わった業務の内容、製品の種類、自分の担当範囲、開発時に使用した機種や手法について正確に記載します。

コンピュータ関連職の場合は、専門スキルを評価してもらうために、使用機種・ソフト・言語の説明は不可欠です。

技術者の仕事は、プロジェクトを組んで進めることが少なくありません。規模についての説明も大切で、メンバーの人数、期間、自分の役割などを記します。

## ●ニーズに合わせて内容を絞り込む

職務内容は、担当した業務を具体的に記載するのが原則ですが、技術職の場合は専門性が高いため、経験した仕事のすべてを書くと膨大な量になってしまいます。

「用紙1枚、多くても2枚」のルールを守るには、企業ニーズに関連する技術、あるいはアピールしたい技術だけに絞り込んで書くなど、工夫が必要です。

# 技術職の基本例

## 職務経歴書

令和○年○月○日

香川誠也（32歳）

**■希望職種**　システムエンジニア

**■志望理由**　約10年間にわたってシステム開発に携わり、ヒアリングからサポート業務までを担当しました。急成長を遂げる貴社で基幹システム作りのメンバーとなり、これまでの経験・能力を発揮したく応募しました。

**■職務経歴**

平成○年４月　ダイヤ電子機械工業株式会社入社
平成○年５月　技術部プログラミングセクションに配属
平成○年４月　システム開発事業部に転属
令和○年４月　株式会社ＯＫシステムに入社
令和○年６月　ネットワーク事業部に配属

**■職務内容**

（１）プログラム　Ｃ/Ｃ＋＋、Ｊａｖａ、Ｓｗｉｆｔ、ｂｏｔｋｉｔ

（２）システム開発 ❶

| 所　属 | 業務内容・実績 |
|---|---|
| 金融系ネットワークシステム<br>（平成○年３月～<br>平成○年９月） | ・銀行の業務統計オンラインシステム開発。<br>・業務分析からデータベース設計、ネットワーク設計まで担当。<br>❷（ＩＢＭ－ＸＬ／Ｃ/Ｃ＋＋／15名） |
| メーカー向けショッピングシステム<br>（平成○年９月～<br>平成○年２月） | ・アパレルメーカーのショッピングアプリ開発業務。<br>❸・チームのサブリーダー。<br>（Ａｎｄｒｏｉｄ／Ｊａｖａ／７名） |
| 銀行口座認証システム<br>（令和○年12月～<br>令和○年５月） | ・個人口座認証アプリの開発業務。<br>・アプリ内AIチャットボットの導入業務。<br>（ｉＰｈｏｎｅ／Ｓｗｉｆｔ／ｂｏｔｋｉｔ／15名） |

**■取得資格**　システム監査技術者の資格（令和○年５月取得）

### ポイント

❶キャリア式でまとめるときは、表組みにすると内容が整理されて見やすい。
❷使用機種・言語・チーム人員を明記する。
❸自分の役割も記してマネジメント力をアピールする。

# 技術職の例 ×

〈職務経歴書〉

令和○年○月○日

河村健太郎（35歳）

**〈希望職種〉**　機械設計技術者

**〈職務経歴〉**

平成○年４月　明光建材株式会社入社
（建材の設計開発／資本金1億円／従業員数1500名）
本社にて新人研修を受ける。

平成○年５月　福島工場電子制御部へ配属。

平成○年２月　工場の電子制御系における生産ラインの保守管理業務を担当。
ラインの速度30%アップを目指して自作のソフトウエアを開発。

平成○年３月　静岡工場、生産管理部へ異動。

平成○年７月　社内最速の生産ラインを構築。
チーム（４名）で生産ラインの設計開発を担当。

令和○年４月　本社商品開発部へ異動。

令和○年３月　新型ボードの開発。
チーム（７名）でボードの企画開発業務を担当。

**ポイント**

- 担当した業務に下線を引いて目立たせてはいるが、アピール度は弱い。編年体式でも、担当業務ごとに見出しを立ててまとめるか、あるいはキャリア式にしたほうがよい。企業ニーズに合うものをどれか１つ選び、それだけを詳細に書いて、ほかの業務は簡単な経歴にとどめるという方法もある。
- 業務内容の説明が不足。「その結果どうなったか」についても記したほうがよい。チームで申請した特許、話題となった製品などがあれば、明記してアピール材料にする。

# 技術職の例

## 〈職務経歴書〉

令和○年○月○日

河村健太郎（35歳）

**〈希望職種〉** 機械設計技術者

**〈職務経歴〉**
平成○年４月　明光建材株式会社入社
（建材の設計開発／資本金1億円／従業員1500名）
平成○年５月　東京本社にて新人研修後、福島工場電子制御部へ配属
平成○年３月　静岡工場、生産管理部へ転属
令和○年４月　本社商品開発部へ転属

**〈職務内容〉**

| 業務名・人数 | 期間・業務内容 |
| --- | --- |
| 工場の電子制御系における生産ラインの保守管理業務（１名） | 平成○年２月～平成○年９月<br>●ラインの速度アップを目指して自作のソフトウエアを開発。 |
| 社内最速の生産ラインを構築（４名） | 平成○年７月～平成○年１月<br>●チームで生産ラインの設計開発を担当。<br>●ベルトコンベアーの速度と工作機械の処理能力アップにより、全国工場平均の140%の生産効率を実現。 |
| 新型ボードの開発（７名） | 令和○年３月～令和○年５月<br>●チームでボードの企画開発業務を担当。<br>●難燃性、防水性に優れたボードの新技術を３件開発。後に特許となる。 |

**〈参考事項〉** 特許出願（３件）あり。別紙資料参照。

**ポイント**

- 技術者のキャリア採用に応募する場合、職務経歴書の提出は不可欠。多くの職務経歴書に目を通す採用担当者のチェックは、当然厳しいものになるので、アピールしたい部分は要領よくまとめ、とにかく目立たせること。
- 表組みにすると見やすいが、各ボックスの情報量にバラつきがあると、逆に見た目が悪くなる。その場合は表組みを避け、箇条書きで対応。
- 「参考事項」にはほかに、受けた研修や専門書など、自分の専門知識を高めていることを示す内容を記すのもよい。

# クリエイティブ職の場合

ここをチェック

- □センスや表現力が問われるクリエイティブ職では、自分の仕事内容や実力をより明確に採用側に伝えるために、手がけた作品や企画書、制作物なども提出するのがベスト。
- □技術やセンス以外に、コミュニケーション能力や対外人脈などもアピール材料になる。

## ●職務経歴書作りも感性を生かして

デザイナー、コピーライター、編集者、インテリアコーディネーター、プランナーなどのクリエイティブ職は、技術職と同じように専門性が高い分野です。知識やスキルが最も重視されるので、アピールポイントは絞り込みやすいといえます。

書き方のスタイルとしては、企画やプロジェクトごとにまとめるキャリア式（76ページ参照）が整理しやすいでしょう。職業がらセンスや表現力が問われるので、見た目にも十分気を配りたいものです。

## ●職務経歴書に〝現物〟をプラス

こうした職種の場合、会社への適合性は、その人の資質やセンスによって大きく差が出るものです。それだけに、自分が会社でどれほど役に立つかは明示しづらいのですが、それをフォローするためにも、**自分の作品や記事、出版物、企画書、制作物**といったものを、職務経歴書と一緒に提出するようにしましょう。

自分の技能とセンスが、どのように仕事にかかわってきたかを採用側に理解してもらうには、〝現物〟を見てもらうのがいちばんです。

## ●ヒューマンスキルも重要なポイント

技能やセンス以外では、コミュニケーション能力も重要視されています。**クリエイティブ職はチームでの仕事が比較的多いので、職場の人間関係を良好にまとめる調整力やリーダーシップなどは大きく評価**されます。

また、人脈などの情報も、有効なアピール材料となります。たとえばイベント・プロデューサーなら、有力なスポンサーや有名タレントなどの人脈を持っているということは、大きな強みになります。

# クリエイティブ職の基本例

## 職務経歴書

令和○年○月○日
斉藤春香（31歳）

■希望職種／グラフィックデザイナー

■略　　歴／平成○年3月　日本デザイナーズ学院グラフィックデザイナー科卒業 ——❶
平成○年4月　株式会社エイトフォー入社
（グループ企業の広告代理・制作）
令和○年7月　株式会社ＭＹクリエイト
（外食ＦＣチェーン店の広告代理・制作、店舗企画・設計・管理）

❷
■制作内容

| | |
|---|---|
| 株式会社エイトフォー<br>平成○年4月～<br>平成○年2月 | ●大日不動産販売の顧客配布月刊情報誌『すばる』の編集·デザイン。<br>●エンゼル製菓新製品パッケージ、販促ツール一式。<br>●パール化粧品夏のキャンペーンポスター、DMデザイン。<br>❸（ポスターは好評で、駅構内にディスプレイしたものは「ポスターを見て」という商品の問い合わせが続出）<br>●東洋海上火災の総合パンフレット。 |
| 株式会社MYクリエイト<br>令和○年7月～<br>現在 | ●北武グループ系ファミリーレストラン「サニーズ」ホームページの編集・デザイン。<br>●「サニーズ」店内メニューの企画・デザイン。<br>（メニューのリニューアル制作およびキャンペーンの企画。これにより通常月売上の30%アップを実現）<br>●北武グループの企業情報誌、社内報、入社案内など。 |

❹
■使用ソフト／Photoshop，Illustrator，InDesign，Dreamweaver，HTML，CSS，Java Script

■自己PR／
主にグループ企業・店舗へ向けた制作物のデザインを担当しています。少人数の制作会社なので業務は多岐にわたり、ホームページの制作では、コーディングスキルをゼロから身に付けました。広い視野で業務を見ることができた経験を生かし、今後はwebデザインの部門で編集能力を発揮したいと思います。

**ポイント**

❶携わる仕事に関連のある学歴はアピールポイントになる。必ず記入を。
❷重視されるのは職歴より作品なので、制作物に関する説明に多くスペースを取る。
❸制作物の反響や、実績向上に貢献したことなどは、実力アピールのよい材料になる。
❹PCは、使えるソフト名をすべて明記。技術力の目安になる。

## クリエイティブ職の例 ×

### 〈職務経歴書〉

令和○年○月○日

佐々木弓枝（32歳）

**〈希望職種〉** 編集

**〈応募資格〉** 6年間の編集経験

**〈職務経歴〉**

平成○年4月～現在

株式会社クラウン企画

（主に単行本の企画・編集を行うプロダクション／スタッフ21名）

**〈職務内容〉**

平成○年4月～平成○年6月

原稿の依頼・受け取り、原稿整理、撮影リストの作成、校正などの、主に編集サポート業務。

平成○年7月～平成○年2月

家庭実用書部門。料理、育児、家庭医学、冠婚葬祭、マナーなど、女性を対象にした内容を担当。企画・構成を含めた編集業務。

令和○年3月～令和○年8月

一般実用書部門。主に大学生を対象にした就職活動のマニュアル、採用試験対策の一般常識問題集を担当。企画・構成・原稿制作を含めた編集業務。

令和○年9月～現在

主にビジネスマンを対象にした、雑学・データ本中心のハンドブックを担当。

企画・構成・執筆を含めた編集業務。

月刊誌2誌の特集記事（月5～6ページ）を担当。取材、レイアウトを担当。

**〈使用ソフト〉** InDesign，Photoshop，Excel，Word，PowerPoint

**ポイント**

- 採用側が重視するのは「何を制作したか」ということ。アピールしたい部分が埋もれている書き方では、採用側の“拾い読み”に対応できない。目立たせるのは年月ではなく、担当した業務や制作したものであることを認識する。
- キャリア式で企画ごとにまとめ、それぞれに内容と担当した業務を記載するとよい。意外な経験や知識が採用担当者の目に止まって役に立つこともあるので、できるだけ詳しく書くようにする。

# クリエイティブ職の例

〈職務経歴書〉

令和○年○月○日
佐々木弓枝（32歳）

【希望職種】 編集

【応募資格】 6年間の編集経験

【職務経歴】

平成○年4月　株式会社クラウン企画
（主に単行本の企画・編集を行うプロダクション／スタッフ21名）
原稿の依頼・受け取り、原稿整理、撮影リスト作成、校正などの編集サポート業務を担当。

平成○年7月　家庭実用書を担当。

令和○年3月　一般実用書を担当。

令和○年9月　月刊誌の特集記事も担当。現在に至る。

【職務内容】

(1)家庭実用書

◆料理、育児、家庭医学、冠婚葬祭、マナーなど、女性を対象にした内容を担当。（企画・構成を含めた編集業務を行う）

◆平成○年5月発行の『隠れ家ごはんを楽しむ』は、片岡書店年間売上ランキング第2位となる。著者の浜岡三郎氏とは現在も親交あり。

(2)一般実用書

◆主に大学生を対象にした就職活動のマニュアル、採用試験対策の一般常識問題集を担当。
（企画・構成・原稿制作を含めた編集業務を行う）

◆主にビジネスマンを対象にした、雑学・データ本中心のハンドブックを担当。
（企画・構成・執筆を含めた編集業務を行う）

(3)月刊誌

◆女性向け月刊誌2誌の特集記事（月5～6ページ）を担当。取材・執筆・レイアウトを行う。

【PCスキル】

使用OS：Windows 10・11, Mac OS X

使用ソフト：InDesign , Photoshop , Excel , Word , PowerPoint

**ポイント**

● 売り出し中の著者と仕事をした経験などは、アピール材料として有効。**人脈の情報**は、積極的に盛り込むようにするとよい。

● 実績をアピールするために、担当した**出版物のリスト**を添えるのもよい。リストを添える場合は、職務経歴書に「**参考事項**」などの項目を立て、「**担当した書籍・雑誌の詳細および実績は、別紙リストを参照**」のように書く。

● **使用ＯＳ**が異なると仕事に支障をきたすような場合は、ソフト名だけでなく必ずそれも記載。

# キャリアが浅い場合

ここをチェック

- □社会に出て数年の転職では、今までにしてきたことすべてを洗い直し、アピール材料を見つけることがポイント。新人研修を受けているときは、一つの大きな強みになる。
- □書き方はネガティブな表現を避け、意欲に基づいた前向きな転職であることを伝える。

## ●マイナス印象を職務経歴書でカバー

社会に出てから1~2年前後の第二新卒の場合、採用側が思うのは、またすぐに転職するのではないかということ。自分を売り込むにあたっては、そんなマイナス印象をカバーすることが何よりも重要です。

応募書類は、誠意や真面目さが伝わるように、丁寧に作成します。キャリアの長い人と比べてアピール材料が乏しいのは致し方ないとしても、新人研修を受けていれば、組織人としての基礎は身についていると評価されます。これは、新卒者やフリーターにはない大きな強みです。

## ●希望職種に関連する経験はすべて記載

実務経験年数は少なくても、その期間中にどんな業務を担当していたかは、基礎能力を示すうえで大切です。自分が行ってきたことをピックアップし、詳しく書き込みましょう。「短期間でも意欲的に仕事に取り組んだ」ことのアピールにもなります。

**アルバイト歴も、希望職種に関連するものなら記載する**価値があります。すべて希望職種を意識した視点で書くことが必要で、利用できる経験は残らず利用するようにします。

## ●ネガティブな表現は絶対に避ける

なぜ短期間で辞めたのか、退職理由の記載は必須です。「志望動機」や「自己PR」の項目を設けて、仕事に対する考えや将来目標と一緒に詳しく述べます。

「仕事内容が自分に合わなかった」などのネガティブな表現は、絶対にしないこと。「社会に出ていろいろ経験したことで、やりたい仕事が見つかった」というように、前向きな転職であることを伝えます。**資格取得に向けて勉強中など、それを裏づける何かを示す**ことも大切です。

# キャリアが浅い場合の基本例

## 職務経歴書

令和○年○月○日

佐野美代子（23歳）

●応募職種

貴社、販売スタッフに応募します。

●職務経歴

令和○年４月　株式会社サンデーストアに入社
（本社：東京、資本金7000万円、従業員数2200名）

❶ １か月の新人研修で経営理念、業務一般などを学ぶ。
◇業務一般、簿記の基本
◇ＯＡ端末操作、Word、Excel による書類作成
◇接客・電話対応などのビジネスマナー

令和○年５月　本社営業部販売促進課に配属

❷
◇取引先との電話応対・受注受付
◇パソコンによる伝票入力
◇在庫表の作成・在庫管理
◇各店舗のキャンペーン企画・運営の補佐
◇商品出荷手配業務
◇顧客名簿の整理・管理

令和○年７月　中元セール応援のため中野店に出向
◇接客販売・商品包装
◇イベント運営サポート
◇発注業務

令和○年５月　一身上の都合により退職、現在に至る

●ＰＣスキル❸

Windows 11（Word，Excel）

●自己ＰＲ❹

前職場では営業事務を担当。売上高向上を目指してキャンペーンの企画・運営にも携わり、販売業務に興味を覚えるようになりました。中元セール期間中、応援のため販売に加わったことで、接客販売業務は私に合っていることを強く実感、異動を願い出ましたが、数年間は不可能とされたため、転職を決意しました。お客様との出会いを大切にする貴社で接客・小売りについて学び、新たなキャリアを積んで貢献したく思います。

### ポイント

❶新入社員教育で社会人としての**基礎教育**を受けていることはアピール要素になる。その他の研修も同様。

❷どんな業務を担当したか具体的に書く。同じような仕事なら**即戦力**として役立つことをアピール。

❸希望職種に直接関係ないものでも、**取得資格**や**スキル**は明記。

❹せっかく入社した会社を短期間で退職したのはなぜか、理由を明確に。**ネガティブな発言は避ける**こと。

# キャリアが浅い場合 ×

〈職務経歴書〉

令和○年○月○日

佐久間絵里（24歳）

**〈希望職種〉**

営業事務スタッフ

**〈職務経歴〉**

令和○年４月　日東自動車販売株式会社に入社
（資本金２億2000万円／従業員数3100名）
4週間の新人研修を受ける。

令和○年５月　渋谷営業所販売第２課に配属。

令和○年６月　一身上の都合により退職、現在に至る。

**〈業務内容〉**

ショールームにてカウンターセールスを担当。

◇ショールーム来店のお客様への営業活動。
◇カタログ配布、試乗・説明。
◇キャンペーンの案内。

**〈自己ＰＲ〉**

１年半弱の営業経験はそれなりにやりがいのある仕事でしたが、もともと事務職が希望だったために、いつも違和感のようなものを感じていました。納得したうえで転職を決意し、今は1日も早く再出発をしたいと考えています。

**ポイント**

- 自己アピールすべき応募書類に空白部分が目立つのは、働く意欲が希薄として、総じてマイナス評価を受ける。職歴が浅いために書くことがないのかもしれないが、日々の仕事内容を数え上げていけば、けっこう記載すべきことは出てくる。
- 職歴が貧弱な場合の対応策として、「自己PR」の項目を「希望職種」の次に立て、将来への抱負を交えた自己紹介文を入れるとよい。採用側に「将来性」を感じさせる書き方にするのがポイントで、前の仕事のグチなどは避ける。

# キャリアが浅い場合

## 〈職務経歴書〉

令和○年○月○日

佐久間絵里（24歳）

**〈希望職種〉**

営業事務スタッフ

**〈所　　属〉**

| | |
|---|---|
| 令和○年４月 | 日東自動車販売株式会社に入社<br>（資本金２億2000万円／従業員数3100名）<br>４週間の新人研修でビジネスマナーの習得。また、会社組織および自社業務、営業戦略などのガイダンスを受ける。 |
| 令和○年５月 | 渋谷営業所販売第２課に配属<br>ショールームにてカウンターセールスを担当。 |
| 令和○年６月 | 一身上の都合により退職、現在に至る。 |

**〈担当業務〉**

| | |
|---|---|
| （１）新規顧客の開拓 | ◆カウンターセールスとしてショールーム来店のお客様への営業活動。<br>◆カタログ配布、試乗・説明。<br>◆テリトリー内への飛び込み訪問。<br>◆見込み客への電話によるフォロー。<br>◆キャンペーンの案内。 |
| （２）顧客管理 | ◆定期点検の案内。<br>◆点検車の引き取り・納車。<br>◆キャンペーンの招待状発送。<br>◆自社キャラクターグッズ無料配布。<br>◆自動車保険更新手続き。<br>◆パソコンへの顧客データ入力。 |

**〈ＰＣスキル〉**

経験機種：Windows 11
活用ソフト：Word，Excel

**〈自己ＰＲ〉**

対人適性を評価され、カウンターセールスとして営業活動に従事。ノルマ達成こそできませんでしたが、顧客との密接な関係づくりには貢献できたと自負しています。今後は本来の希望である事務職を通して、お客様と長く続く関係を築いていきたいと考えています。

**ポイント**

- 営業から事務という未経験職種への応募だが、仕事内容を洗い直すと、「自動車保険更新手続き」「顧客データ入力」といった、希望職種に結びつく仕事もしている。こうしたことは必ず書くこと。
- 結びつくものが何もない場合、目指す仕事の内容に関連することを自主的に勉強したことなどをアピールするのもよい。
- 事務職では、PCスキルは大切なアピール材料。使えるソフトも明記。

# フリーターをしていた場合

ここをチェック

□フリーターに対するマイナスイメージを払拭するには、なぜその道を選んだのか、理由を明確にすることが必要。そのうえで、しっかりした勤続意志を伝える。

□複数のアルバイト経験も、やりたい仕事を見つけるまでのプロセスとして、プラスに活用する。

## ●「目的があってのフリーター生活」であることを強調

フリーターをする理由は人それぞれですが、世間一般に負のイメージがあるのも事実です。そのため、フリーターが正社員に転職しようとする場合、**採用側は「当社への志望は本物だろうか」という疑問**を持ちます。安易な気持ちで働いてもらっては困るという思いも、当然あるでしょう。

したがって、なぜフリーターをしていたのか理由をはっきり伝え、納得してもらうことが必要です。理由としては「目指していることがあったので正社員になれなかった」「自分のやりたいことを探していた」など考えられますが、何であれ、フリーター生活は目的があってのことだったことを強調しましょう。

## ●「自己PR」で勤続意志の表明を

こうしたことは、必ず「自己PR」の項目を設けて、そこで述べるようにします。「いつ辞めるかわからない」といったフリーターへのマイナス評価も、しっかりした勤続意志を表明することで払拭しましょう。

さらに、社員同様の待遇を受けていたなど、真面目な勤務姿勢をアピールできることがあれば、残らず記します。職場でどう評価されていたかの記述は、最も説得力があります。

## ●経験した業務はすべて詳しく記載

職務経歴書では、今までに行ってきた業務をすべて具体的に記し、職務遂行能力のアピールに努めましょう。**多数のアルバイト経験がある場合は、業務別にまとめる**とすっきりします。「複数の仕事をしていろいろな経験をした結果、これこそが自分に向いている仕事だとわかった」という流れにすると、フリーター経験もマイナスにはなりません。

# フリーターをしていた場合の基本例

## 職務経歴書

令和○年○月○日
沢田純平（28歳）

【希望職種】 アシスタントマネージャー

【職務経歴】

令和○年９月～ ❶――現在　ＪＰフーズ株式会社でアルバイト勤務
（ファミリーレストラン／関東38店舗）
ホールスタッフとして町田店に配属される。
❷――勤務姿勢が認められ、４か月でアルバイトチーフに昇格。
主な仕事◇接客サービス、金銭授受と処理
◇アルバイトのローテーション管理、店長補佐
◇店内清掃、ＤＭ発送
◇クレーム対応 ――❸

令和○年６月～令和○年5月　トトロ企画株式会社でアルバイト勤務
（コミック誌の企画・編集プロダクション／スタッフ22名）
主な仕事◇原稿の依頼・受け取り
◇原稿整理
◇デザインの依頼・版下校正

令和○年10月～令和○年４月　東京スポーツ株式会社でアルバイト勤務
（スポーツウエア・用品の企画販売／従業員数320名）
主な仕事◇接客販売・商品展示
◇在庫管理

【自己ＰＲ】❹

脚本家を目指し、養成スクールに通いながらアルバイトで生計を立ててきました。あくまでも生活していくための仕事でしたが、ホールスタッフを経験したことで、自分はサービス業向きの人間であることを発見。以来、この分野でキャリアを積みたいと思うようになりました。わずか１年半のアルバイト経験しかありませんが、正社員同様に教育されたおかげで、どうすればお客様に喜んでいただけるかのノウハウは、しっかり身につけたつもりです。外食業界に新規参入した若い貴社で、ともに成長するのが目標です。

### ポイント

❶現在の仕事が希望職種と関連があるため、逆時系列のスタイルで書いている。このほうがインパクトがある。
❷職場での評価にふれて、真面目に勤務していたことを示す。
❸仕事内容は詳しく書いて、実務能力をアピールする。
❹なぜフリーターから正社員として働く気になったかを説明し、しっかりと「決意表明」をする。

# フリーターをしていた場合 ✕

## 職務経歴書

令和○年○月○日

田辺幸代（25歳）

**■希望職種**／営業事務スタッフ

**■職務経歴**／令和○年６月～平成○年３月　コンビニＡＢＣ赤羽店でアルバイト
令和○年３月～平成○年２月　アニメ・ゲーム等販売店「ムービー」でアルバイト
令和○年７月～現在　朝井企画株式会社でアルバイト

**■職務内容**／コンビニＡＢＣ赤羽店
◇レジでの接客を中心に、発注業務、商品陳列、在庫管理を行う。

アニメ・ゲーム等販売店「ムービー」
◇アニメグッズ・映像ソフトの販売業務を中心に、在庫管理、売上集計を行う。

朝井企画株式会社
（旅行情報誌編集プロダクション）
◇主に、請求書発行、支払い手続き全般、Excelによる売上管理、入出金管理などの経理事務を行う。

**■自己ＰＲ**／やりたいことがわからないまま大学を卒業し、やむなくフリーター生活をしていましたが、この３年間でＰＣのスキルアップができたことは、私にとって大きなプラスになっています。
頑張ってこの技能を、貴社で生かしたいと思います。

**ポイント**

- アルバイトは職歴に入らないと感じている人もいるが、どのような雇用形態であれ、業務経験や実績は評価される。自分がこれまでにしてきた仕事は、自信を持って目立つように書く。
- 応募企業が求めているものに敏感であること。それと少しでも関連のあるものを自分の職歴から探し出し、クローズアップする。
- 「やりたいことがわからないまま」と正直に書くのは、いかにも無気力な印象を与えるのでNG。自己PRでは「目標があった」ことを前提に書く。

# フリーターをしていた場合

## 職務経歴書

令和○年○月○日

田辺幸代（25歳）

**■希望職種**／営業事務スタッフ

**■志望理由**／貴社の「Excelに習熟した人」という求人広告を拝見し、これまでに習得したＰＣ技能を生かせることを確信して応募いたしました。同業界で働いた経験もあり、業務の流れの概要がわかることも仕事に生かせると思います。

**■職務経歴**／令和○年７月～現在
朝井企画株式会社（旅行情報誌編集プロダクション）でアルバイト
主な仕事◇請求書発行、支払い手続き全般
◇Excelによる売上管理
◇入出金管理
◇業者との電話応対

令和○年３月～平成○年２月
アニメ・ゲーム等販売店「ムービー」でアルバイト
主な仕事◇アニメグッズ・映像ソフト販売業務
◇在庫管理
◇売上集計
◇後輩指導・ローテーション管理

令和○年６月～平成○年３月
コンビニＡＢＣ赤羽店でアルバイト
主な仕事◇レジでの接客
◇発注業務
◇商品陳列
◇在庫管理

**■ＰＣスキル**／Windows 10・11（Word，Excel）
Excelはマクロ作成の経験あり。

**■自己ＰＲ**／大学卒業時に希望に合う会社と出会えなかったため、アルバイトで職務経験を積むかたわら、ＰＣスクールに通って技能習得に努めました。現在の仕事ですでにExcelを活用していることもあり、お役に立てる自信は十分にあります。貴社で営業事務スタッフとして全力を尽くしたいと思います。

**ポイント**

- 希望職種に関連する職歴が最初にくるように、逆時系列のスタイルをとっている。アピールできそうな仕事内容のものは、最大限に活用する。
- 責任をもって働いていたことを示すためにも、担当していた業務はすべて記載。「後輩指導」などは、リーダーシップのアピール材料になる。
- 空白が目立つような場合は、ほかに「私にできること」などの項目を立て、仕事に関連することで自分にできることをすべて書き出すのもよい。

# 派遣社員をしていた場合

ここをチェック

□派遣社員として働いてきた人には、「キャリアが豊富で即戦力になる」との期待がある。それだけ実務能力が重視されるので、求められているものにこたえる書き方が必要になる。

□正社員を希望する理由は、会社と総合的にかかわって貢献したい旨にまとめるのが無難。

## ●キャリアアップのプロセスを示す

一般に派遣社員は、在職期間の長短はありますが、さまざまな会社で経験を積んでいるため、キャリアが豊富なのが普通です。

職務経歴書では、その豊富なキャリアが〝売り〟になりますが、派遣先でただ求められる仕事をこなしてきたというのではなく、確実にキャリアアップしてきたことを前面に出してアピールしましょう。

**スキルに磨きをかけるためにスクールに通った記述なども、勤務意欲を示すのに効果的**です。

## ●実務能力を示して〝即戦力〟をアピール

ある明確な職務内容やスキルを求められて働く派遣社員には、「即戦力になる人材」というイメージがあります。期待されていることを意識して、職務経歴書にはこれまでの仕事や役割を具体的に記載し、得意分野にもふれておくとよいでしょう。

**書き方としては、希望職種に関連のある職種や業種の会社をクローズアップして記載**します。

在職期間が短かったり、希望職種とは関係ないと思われる会社は、会社名と期間、業務内容を簡単に記すだけでよいでしょう。

## ●正社員になりたい理由を明確にする

正社員への転職を希望する場合、待遇面でのことが理由になっていることが少なくありません。しかし、正社員を希望する理由が「貴社の充実した福利厚生に魅力を感じて」などでは、勤務意欲を疑われます。

採用側に納得してもらうには、「一定期間だけ限られた働き方をするのではなく、会社組織の一員として事業に総合的にかかわりたい」など、全力で会社に貢献したい姿勢を示すとよいでしょう。

# 派遣社員をしていた場合の基本例

## 職務経歴書

令和○年○月○日

高野留美（29歳）

〈希望職種〉　経理事務

❶

〈経歴要約〉　大学卒業後、生命保険会社に入社。3年間の営業職を経て、派遣会社に登録。以後、複数の会社で一般事務および経理に携わりました。

〈職務経歴〉

平成○年４月　東都生命相互会社に入社
・１か月の新人研修で会社組織、業務一般、ビジネスマナーなどを学ぶ。

平成○年５月　城南営業所 営業第二課に配属
・地元の小売業を中心に、法人を対象とした営業活動を行う。

平成○年１月　一身上の都合により退職

平成○年２月　株式会社ＪＰスタッフサービスに派遣登録
（以下の３社に派遣スタッフとして勤務）

平成○年２月　三海商事株式会社
❷ ・総務スタッフとして６か月勤務。
主な仕事◇文書整理
◇リース物件の管理
◇営業担当者の出張サポートなど

令和○年５月　株式会社タクミ通商
・経理サポートとして１年勤務（更新１回）❸
主な仕事◇仕訳、パソコン入力、帳票作成管理
◇売上集計、各種報告書作成
◇月次決算など

令和○年２月　タチバナ食品株式会社
・経理スタッフとして１年勤務（更新２回）
主な仕事◇勘定書作成・管理
◇財務事務・手形事務 ❹
◇月次決算・決算書作成など

〈ＰＣスキル〉　使用ソフト：Word，Excel，PowerPoint，Access

〈取得資格〉　日商簿記検定２級（令和○年７月取得）

〈自己ＰＲ〉　派遣会社に登録してから、本来希望していた事務職を担当。２社目からは経理事務に携わるようになりました。必要を感じて、令和○年に日商簿記検定３級、令和○年には同２級を取得し、現在は１級取得に向けて簿記専門学校（夜間部）にて勉強中です。この分野のスキルを生かし、貴社で正社員として長く勤務したいと思っています。

### ポイント

❶派遣会社に登録したことなど、経歴の大ざっぱな流れを頭に入れておいてもらうと、次の「職務経歴」が読みやすくなる。

❷派遣社員は期限を区切った雇用が普通なので、退職したことの記述は不要。

❸契約の更新は、実務能力が評価されたことを意味する。必ず記載を。

❹希望職種に関連する業務の内容は、できるだけ詳しく。

# 派遣社員をしていた場合 ✕

## 職務経歴書

令和○年○月○日

谷口映子（28歳）

**【希望職種】**　企画販売

**【職務経歴】**

平成○年４月　株式会社セリーヌ入社
平成○年５月　新人研修の後、直営ブティック「セリーヌ」青山店へ配属
令和○年８月　一身上の都合により退職
令和○年５月　株式会社キャリアスタッフに派遣登録
令和○年９月　株式会社タカラ商事（派遣先）
令和○年２月　西本衣料株式会社（派遣先）

**【職務内容】**

平成○年５月～令和○年８月
株式会社セリーヌ直営ブティック「セリーヌ」へ販売スタッフとして配属。
◇主に婦人服の接客販売。

令和○年９月～令和○年１月
株式会社タカラ商事・ショップ勤務。
梅屋デパートのインショップへサブチーフとして勤務。
◇ヤング向け婦人カジュアル服の接客販売。

令和○年２月～現在
西本衣料株式会社・ショップ勤務。
新宿本店ショップへサブチーフとして勤務。
◇婦人服・婦人小物の接客販売。

**【取得資格】**　色彩検定１級（令和○年１月取得）

**【自己ＰＲ】**　メーカー直営のブティックに勤務したあと、派遣スタッフとして３年間働いてきました。単に販売するだけでなく、商品の企画段階からかかわりたいと考えるようになり、この業界では老舗の貴社で、新人のつもりで頑張りたいと思っています。

**ポイント**

- 職務内容については別項目で書いているが、この程度の内容なら「職務経歴」の中に組み入れたほうがわかりやすく、わざわざ項目を立てた意味がない。分けて書くなら、毎日していた仕事を具体的にリストアップして、内容に幅をもたせることが必要。
- 勤務先は、社名だけでなく事業内容や規模も書き添えたほうがよい。資本金や従業員数などが示してあると、その企業のイメージがつかみやすい。

# 派遣社員をしていた場合

## 職務経歴書

令和○年○月○日

谷口映子（28歳）

【希望職種】　企画販売

【職務経歴】
平成○年４月　株式会社セリーヌ入社
（婦人服製造販売/従業員数1320名）
平成○年５月　新人研修の後、直営ブティック「セリーヌ」青山店へ配属
令和○年８月　一身上の都合により退職
令和○年５月　株式会社キャリアスタッフに派遣登録
（以下、勤務先はすべて派遣先企業）
令和○年９月　株式会社タカラ商事（衣料販売/従業員数720名）
令和○年２月　西本衣料株式会社（婦人服製造販売/従業員数850名）

【職務内容】

| 所　属 | 期間および担当業務 |
|---|---|
| 株式会社セリーヌ<br>「セリーヌ」青山店 | 平成○年５月～令和○年８月（３年４か月）<br>販売スタッフとして配属。<br>◆婦人服の接客販売。　◆商品展示・陳列、在庫管理。<br>◆顧客管理など。 |
| 株式会社タカラ商事<br>梅屋デパートの<br>インショップ | 令和○年９月～令和○年１月（１年半：更新２回）<br>サブチーフとして販売担当。<br>◆ヤング向け婦人カジュアル服の接客販売。<br>◆商品陳列・在庫管理。　◆顧客リスト作成。<br>◆ローテーション管理など。 |
| 西本衣料株式会社<br>新宿本店ショップ | 令和○年２月～現在<br>サブチーフとして販売担当。<br>◆婦人服・婦人小物の接客販売。<br>◆ディスプレイのコーディネート。<br>◆顧客フォロー・リスト作成。<br>◆店内イベントの企画・運営など。 |

【取得資格】　色彩検定１級（令和○年１月取得）

【自己ＰＲ】　アパレル分野で一貫して販売に携わってきました。これからもこの分野でキャリアアップをしたいと考えていますが、先月、念願だった色彩検定の１級を取得したこともあり、今後は正社員として、商品の企画段階からかかわりたいと思うようになりました。業界では老舗の貴社で、これまでの自分の経験と知識を集大成して取り組む所存です。

**ポイント**

- キャリアはすでに十分あるので、あとは仕事姿勢や目標を記して勤務意欲をアピールする。正社員として、腰をすえてじっくり業務に取り組みたいことを伝えたい。
- 色彩検定１級の資格を取得した記述は、キャリアに磨きをかけるため、積極的にスキルアップに努めていることを示すのに効果的。
- 希望職種と関連のない職種がある場合、内容の記述はごく簡単でよいが、どこに接点があるかわからないので省略はしないこと。

ケース別の書き方⑨

# 転職回数が多い場合

ここをチェック

□キャリアアップによる転職はプラス要素になるが、単に回数が多いだけの転職はプラス要素になりにくい。そうしたハンディをカバーする書き方を心がけることがポイント。

□職務経歴は、希望職種と関係の深いキャリアに焦点を絞って記載する。

## ●マイナス印象を前向きな姿勢で払拭

能力のある人が年収アップ、キャリアアップをねらってする転職以外は、転職回数の多いことが不利になるかもしれません。「適応力の欠如」「能力不足」など、マイナスイメージを持たれるからです。そこで、転職の多い人は、「志望動機」や「自己PR」で、そうしたイメージを払拭することが必須です。

たとえば、数多くの職場でいろいろな仕事を経験したということは、どんな環境にも順応でき、また、どんな仕事にも対応できるということでもあります。自分の持つプラス面を引き出して、最大限にアピールする努力をしましょう。

## ●“売り”になるキャリアを選んで書く

転職回数が多いと、それだけ職務経歴の行数も多くなります。ただ羅列するだけの書き方では、どれも同じに見えてアピール度は低いので、書く前に必ずキャリアの取捨選択を行いましょう。

複数の職種を経験してきた場合、基本的に希望職種と関連の深いものをより詳しく記載します。ずっと同じ職種に携わってきた場合は、担当していた業務内容に的を絞って詳細に述べます。どちらの場合でも、採用側にプラス評価されそうなものを選んで書くのがポイントです。

## ●退職理由は勤務した会社ごとに記す

転職回数が多いのに退職理由が何も書かれていないと、意味なく転職を繰り返している印象を与えます。

退職理由は、すべての会社について必ず記載しましょう。簡単でかまいませんが、**前職に関しては具体的に履歴書ですでに退職理由を書いていても、「自己PR」で改めてふれておきます。**

# 転職回数が多い場合の基本例

〈職務経歴書〉

令和○年○月○日

高橋研治（33歳）

**〈希望職種〉** 企画部

**〈応募資格〉** マーケティング経験10年間（オフィス機器・広告代理店）

❶

**〈職務経歴〉**

平成○年４月～平成○年６月　株式会社ダイヤ化成入社（事業内容：化粧品製造販売）
営業部営業第一課へ配属。営業活動とともにマーケティングにも携わる。
❷ 退職理由/マーケティングに興味を持ち、専門職として担当したかったため。

平成○年６月～平成○年１月　株式会社ジャパン事務機器販売入社
営業企画部へ配属。
主な仕事●小売店ベースでの商品調査・購買ニーズの調査。
●競合商品の調査。
●店舗別の売上格差の調査。
退職理由/企業買収され、将来に不安を感じたため。

平成○年３月～令和○年８月　株式会社トップ企画入社（事業内容：広告代理店）
マーケティング部へ配属。
主な仕事●大手、中堅企業をクライアントとした商品販売の企画・立案。
●過去の販売データ分析。
退職理由/大手食品メーカーの販売企画に参画し、“食”の部門でのマーケティングに加わりたかったため。

令和○年９月～現在　マルミ総合フーズ株式会社入社
マーケティング企画二課へ配属。
主な仕事●商品企画の開発・販売促進。
●新商品の反響データ採取。
●イメージ調査の実施・調査レポート作成。

❸

**〈褒　賞〉**

令和○年８月　菓子メーカーM社のスポーツイベントとのタイアップを企画。成功させた業績により「社長賞」を受賞（マルミ総合フーズ株式会社在勤中）。

❹

**〈自己ＰＲ〉** 10年間マーケティングに従事し、売場情報を商品企画や販売戦略に生かすべく、努力を重ねてきました。そんな私にとって、売場と企画部門が直結している貴社は、大いに魅力ある職場です。これまでに培ってきた知識や経験を生かし、貴社でキャリアアップを図り、長く貢献したいと考えております。

## ポイント

❶転職回数が多くても、職歴はすべて記載。不利になるからと勝手に省略するのはタブー。
❷退職理由を入れるときは、勤務したすべての会社に簡潔に。
❸表彰・受賞は、実務能力の証明になる。
❹ハンディをカバーするのために、仕事の一貫性と、これまでの転職を今回に役立てる姿勢をアピールする。

# 転職回数が多い場合 ✕

職務経歴書

令和○年○月○日

中原栄一（31歳）

【希望職種】　営業事務

【職務経歴】
平成○年４月　株式会社ニッポンウェアに入社
（事業内容/スポーツウェア・用品の企画・販売）
４週間の新人研修で業務一般、ビジネスマナーを習得。
平成○年５月　池袋本店ゴルフ用品部門に配属。
◇接客販売・在庫管理・商品展示。
◇店内イベントの企画・運営。
◇外国人顧客の通訳担当。
平成○年７月　一身上の都合により退職
平成○年９月　関東通信株式会社に入社
（事業内容/通信機器販売）
本社営業部で営業事務を担当。
◇受注書類作成・納品手配。
◇入金管理・売上集計。
◇顧客リストの作成・管理など。
平成○年２月　会社都合により退職
平成○年３月　朝日書籍株式会社に入社
（事業内容/関東地区の書店向け書籍取次）
営業部で受注業務を担当。
◇書店からの受注業務（１日300～400件）。
◇パソコンへの受注データ入力。
◇発注手配・在庫管理など。
令和○年１月　一身上の都合により退職
令和○年３月　株式会社リオに入社
（事業内容/玩具輸入・卸）
営業部で営業事務を担当。
◇海外メーカーへの英語による発注。
◇輸入書類作成・在庫管理。
◇受注事務。

【取得資格】
実用英語技能検定準１級（令和○年７月取得）
ＴＯＥＩＣ® Ｌ&Ｒ公開テスト スコア720点（令和○年10月取得）

【使用ソフト】
Word， Excel， Access， PowerPoint

ポイント
- キャリアが豊富にある場合は、新人研修についての詳しい記述は不要。それよりも、限られた紙面を有効に使って、即戦力になれることをアピールする。
- 希望職種が営業事務なので、販売の職歴はサラリと流す程度でかまわない。関連のある業務については、省略しないで書く。
- 年月を経て古くなったTOEICのスコアは、英語の即戦力を求められる職場では要注意。テストを受け直すなど、現在のレベルを示したい。

# 転職回数が多い場合

## 職務経歴書

令和○年○月○日

中原栄一（31歳）

【希望職種】　営業事務

【職務経歴】

| 職　種 | 期間および担当業務 |
|---|---|
| 営業事務 | 令和○年３月～現在　株式会社リオ・営業部勤務（事業内容／玩具輸入・卸）<br>◇海外メーカーへの英語による発送。<br>◇輸入書類作成・在庫管理・受注業務。<br>◇全国玩具店向け販売営業サポート。 |
| | 平成○年３月～令和○年１月　朝日書籍株式会社・営業部勤務（事業内容／関東地区の書店向け書籍取次）<br>◇書店からの受注業務（１日300～400件）。<br>◇パソコンへの受注データ入力。<br>◇発送手配・在庫管理など。 |
| | 平成○年９月～平成○年２月　関東通信株式会社・営業部勤務（事業内容／通信機器販売）<br>◇受注書類作成・納品手配。<br>◇入金管理・売上集計。<br>◇顧客リストの作成・管理など。 |
| 販　売 | 平成○年４月～平成○年７月　株式会社ニッポンウェア勤務（事業内容／スポーツウェア・用品の企画・販売）<br>◇接客販売・在庫管理・商品展示。<br>◇店内イベントの企画・運営。<br>◇外国人顧客の通訳担当。 |

【取得資格】

実用英語技能検定準１級（令和○年７月取得）

ＴＯＥＩＣ® Ｌ&Ｒ公開テスト スコア720点（令和○年10月取得）

【使用ソフト】

Word，Excel，Access，PowerPoint

【自己ＰＲ】

最初の職歴こそ販売ですが、ずっと営業事務に携わってきましたので、会社に貢献できる最低限の実力はあると自負しております。これまでの転職は、好きな英語とＰＣスキルを生かしたいと考えてのことでした。今回、両方を生かせる貴社の求人を拝見し、営業事務のスペシャリストを目指して勤務したく、応募いたしました。

**ポイント**

- ほぼ一貫して希望職種と同じ営業事務に携わってきているので、それをひとまとめにした書き方でアピールしている。スタイルも逆時系列をとっているが、一般的な時系列スタイルでも、十分効果はある。
- 自己PRでは、転職を繰り返した理由について、あくまでも**前向きな姿勢**で述べるようにする。今回を「**最後の転職**」とし、**腰を落ち着けて業務に取り組みたい**と考えていることなども強調しておきたい。

# リストラで転職する場合

ここをチェック

- □不本意な退職であっても卑屈になることなく、自分の経験が応募先企業でどう生かせるかを客観的に考えることが大切。採用側が知りたいのもその点であることを認識すること。
- □退職理由は率直に書いてかまわないが、自分に不利になる書き方は避ける。

## ●気持ちを切り換えて自己評価を

リストラや倒産が原因で転職せざるを得ない場合、どうしても気持ちはマイナスに傾いて卑屈になりがちなものです。

しかし、たとえリストラで指名解雇された人でも、採用側からすれば応募者の1人にすぎません。チェックするのは〝過去〟ではなく、その人が「どのような実務能力・経験を持っているか」ということです。

気持ちを切り換えて、自分の能力や実績を客観的に評価してみましょう。

## ●実務能力をリストにしてアピール

長年にわたって実績を積んできた人は、それをすべて書いていくといたずらに長い職務経歴書が出来上がってしまいます。まずは志望企業で役立つかどうかを基準にキャリアやスキルを絞り込みます。

同じ仕事を続けてきたために、勤続年数のわりに仕事内容が乏しい場合は、手がけた仕事をリスト化して書くことで内容に幅をもたせます。

また、即戦力になることを伝えるために、「私にできること」などの項目を立ててアピールするのも効果的です。

## ●退職理由は不利にならない書き方で

職務経歴書で退職理由にふれる場合、リストラや倒産は「自己都合」ではないので、すべて**「会社都合により退職」**となります。

気をつけたいのは、退職勧奨を受けた場合です。そのまま「会社業績不振により退職を奨励されたため」と書いたのでは、〝肩たたき〟にあったことを自ら告げているようなものです。**「会社業績不振による希望退職」**などとして、自分に不利な書き方は避けるようにしましょう。

# リストラで転職する場合の基本例

## 職務経歴書

令和○年○月○日

浜田修一（40歳）

**■希望職種**　営業部門の管理職候補

❶

**■経歴要約**

新卒で証券会社に入り、以来20年近くにわたって、この業界で経験を積んできました。主として資産運用に関するコンサルティング業務と、ＩＴを活用したオンライントレードは、私の最も得意とする分野です。勤務先の事業清算は、まさに青天の霹靂ではありましたが、与えられたチャレンジの機会を生かし、貴社で新たなキャリアを積みたいと考えています。

**■職務経歴**

| | |
|---|---|
| 平成○年４月 | 平和証券株式会社 入社 |
| 平成○年５月 | 神田支店営業部第２課に配属 |
| 平成○年４月 | 大宮支店営業部第１課へ異動 |
| 平成○年４月 | 第１課係長に昇格（部下５名）――❷ |
| 平成○年９月 | 第１課課長に昇格（部下21名） |
| 令和○年４月 | 本店資産管理部へ異動 |
| 令和○年６月 | 会社都合により退職――❸ |

❹

**■職務内容**

平成○年５月～平成○年３月　神田支店営業部第２課
- ◇エリア内の中堅企業を対象とした見込み客訪問および飛び込み訪問。
- ◇個人投資家を対象としたミューチュアルファンドの営業。
- ◇３年連続で個人および第２課の売上目標を達成。

平成○年４月～平成○年３月　大宮支店営業部第１課
- ◇コンサルティング業務（資産運用・財産管理に関する顧客からの相談に対するアドバイス）の実施。
- ◇外債および投資信託の営業。
- ◇２年連続で支店トップの売上実績を挙げ、「支店長賞」を受賞。

令和○年４月～令和○年６月　本店資産管理部
- ◇顧客情報の一元的管理と活用システムの作成。
- ◇大口個人投資家の運用相談。
- ◇優良店頭株の営業。

### ポイント

❶「自己PR」といった項目を立てることに抵抗がある場合は、このような項目で経緯を説明する。

❷管理職の経験がある場合は、その**ポスト**と**部下の人数**を書いておく。

❸「**早期退職優遇制度**」を利用した場合、「**一身上の都合により退職**」としてもかまわない。

❹キャリアが長いと盛り込むことも多くなるが、すべてを書こうとせず**内容を絞り込む**。

# リストラで転職する場合 ×

## 職務経歴書

令和○年○月○日

藤沢史郎（43歳）

**【希望職種】**　店舗経営指導員

**【応募資格】**　販売経験11年間と販売促進計画の立案・推進などの業績。

**【職務経歴】**

平成○年４月　株式会社サン・ヘルシー入社
（事業内容：健康食品製造販売／本社：東京）

平成○年５月　直営店「サン・ハウス」へ配属

平成○年９月　「サン・ハウス」銀座店へ異動

平成○年４月　マネージャーに昇格（スタッフ16名）

平成○年４月　本社営業部販売促進課へ異動

平成○年９月　販売促進課主任に昇格（部下８名）

令和○年10月　販売促進課課長に昇格（部下19名）

令和○年７月　会社都合により退職

**【主な職務内容】**

平成○年４月　「サン・ハウス」銀座店マネージャー

◇売場レイアウトの作成。
◇スタッフおよびアルバイトの管理。
◇商品の在庫・発注管理。
◇顧客リスト作成・ＤＭ発送。

平成○年９月　本社営業部販売促進課主任

◇キャンペーン・イベントの企画立案・実施。
◇マーケットリサーチ・取引先管理。
◇マーケット競合状況分析、取引先管理システムなどの新システムの構築。

令和○年10月　販売促進課課長

◇販売企画の作成・販売実績分析。
◇店舗販売促進の指導・監督。
◇マーケットリサーチ・取引先管理。

**ポイント**

- 営業の分野でオールラウンドな経験を積んできているので、それを前面に出してアピールしたい。
- 「主な職務内容」の項目では役職ごとに担当した仕事を記入しているが、採用側が見るのはマネジメント能力より実務能力。それを目立たせる書き方を工夫する。
- 明確な実物像を伝えることでアピール度アップが期待できるので、できるだけ「自己ＰＲ」の項目は入れたい。実績を強調したい場合は、その項目を別に設けて時系列で述べるとよい。

# リストラで転職する場合

## 職務経歴書

令和○年○月○日

藤沢史郎（43歳）

**【希望職種】**　店舗経営指導員

**【応募資格】**　販売経験11年間と販売促進計画の立案・推進などの業績。

**【職務経歴】**

| | |
|---|---|
| 平成○年４月～平成○年８月 | 株式会社サン・ヘルシー入社<br>（事業内容：健康食品製造販売／本社：東京）<br>新人研修後、直営店「サン・ハウス」へ配属 |
| 平成○年９月～平成○年３月 | 「サン・ハウス」銀座店へ異動 |
| 平成○年４月～平成○年３月 | マネージャーに昇格（スタッフ16名） |
| 平成○年４月～平成○年８月 | 本社営業部販売促進課へ異動 |
| 平成○年９月～平成○年９月 | 販売促進課主任に昇格（部下８名） |
| 令和○年10月～令和○年６月 | 販売促進課課長に昇格（部下19名） |
| 令和○年７月 | 会社都合により退職 |

**【主な職務内容】**

接客販売　直営店「サン・ハウス」および銀座店にて自社商品の販売、新商品の情報提供など。
- ◆商品に関する相談への対応。　◆商品の在庫・発注管理。
- ◆スタッフおよびアルバイトのローテーション管理。
- ◆顧客リスト作成・ＤＭ発送。

取引先管理　卸問屋、大手ドラッグストアなど取引先の管理・拡張のための各種活動。
- ◆新商品の案内、問い合わせへの対応。
- ◆キャンペーン、イベントの企画立案。
- ◆取引先の在庫状況・売上状況の把握。
- ◆売上目標の達成と実績数値の管理。
- ◆取引先管理システムの新システム構築。

マーケットリサーチ　商品調査・購買ニーズの調査など。
- ◆売上状況に関する店舗情報収集。　◆アンケート調査によるニーズ分析。
- ◆アンケート調査によるニーズ分析。　◆競合商品の調査。
- ◆マーケット競合状況分析の新システム構築。

**【自己ＰＲ】**

販売という仕事のいいところは、自分の工夫や努力が明確に成果としてあらわれることです。私は、イベントの企画や顧客サービスにとくに力を入れ、お客様の心をつかむことを目標に仕事をしてきました。販売実績が同業他社を抑えて３年連続１位となったことは望外の喜びでしたが、それだけに勤務先の大規模な業務縮小は残念でなりません。早期退職優遇制度の適用を受けたのは、自分のキャリアを今後に生かしたいと考えてのことです。幅広い事業展開をされている貴社で、持てる力をフルに発揮して貢献したいと思います。

**ポイント**

- ●職務内容を、担当した業務で見出しを立てて説明している。詳細な記述は、自分の仕事に対する姿勢や意欲を示すのに効果的。ただし、簡潔に書かないと読みにくくなるので注意が必要。箇条書きがベスト。
- ●自己PRでは、これまでに自分がしてきた仕事の概要や基本姿勢、実績などのほか、自分に何ができるか、将来どうしたいかなどを記す。会社の都合で離職したことについて、グチめいたことは書かない。

# 異業種に転職する場合

ここをチェック

- □不利な異業種転職にチャレンジするには、志望企業の研究が欠かせない。自分との接点を見つけて、生かせるキャリアやスキルをアピールする。
- □転職に向けて取得した資格などがあれば、意欲が本物であることの〝裏づけ〟になる。

## ●志望分野との接点を少しでも見つける

中途採用では、前職での実務経験を重要視します。これは即戦力を期待してのことですが、異業種への転職となると、この**「前職での実務経験」が評価の対象にならない**ことが少なくありません。そのため異業種転職は、不利なチャレンジであると言わざるを得ません。

こうしたハンディを克服するには、志望企業の研究が不可欠です。情報を少しでも多く集めたら、これまでの職務経歴の中から多少なりとも関連のあるキャリアやスキルを見つけ、それをアピール材料にします。

## ●未経験でもアピール材料は必ずある

どうしても接点が見つからない場合は、どの業種でも通用する経験や知識を探してみましょう。

たとえば、接客・調整の経験があれば、コミュニケーション能力をアピールできます。後輩を指導したことがあるならマネジメント能力、取引先との折衝をした経験があれば交渉力がアピール材料になるでしょう。同じ未経験でも、こうした〝社会人経験〟は新卒採用では得られない部分です。今までのキャリアをむだにしないためにも、「接点がない」と簡単にあきらめないことです。

## ●精神論で終わらない本物の意欲を

「なぜわざわざ異なる業種へ？」という採用側が必ず持つ疑問には、「志望動機」や「自己PR」の項目で説明しておく必要があります。

その際、避けたいのが「一生懸命に頑張ります」といった精神論で終始する書き方。これは、何のアピールにもなりません。意欲が本物であることを伝えるには、異業種への転職に備えて資格を取得したなど、しっかりした〝裏づけ〟が必要です。

# 異業種に転職する場合の基本例

## 職務経歴書

令和○年○月○日

古沢佳代（27歳）

■希望職種／フロントスタッフ

❶

■志望動機／お客様に快適に過ごしていただけるよう、フロントはじめ宿泊部門、料飲部門などの全スタッフが心を一つにしてサービスするホテル業に、以前から深い関心がありました。研修制度が充実している貴社の求人を拝見し、自分のこれまでのキャリアを生かせると感じて応募させていただきました。

❷

■職務経歴

令和○年４月　キャピタル貿易株式会社に入社
（貿易商社／社員数約1300名）

令和○年５月　新人研修後、秘書課に配属
主な仕事◇電話・来客の応対
◇電子メールのチェック・文書作成
◇担当役員のスケジュール管理
◇出張手配

令和○年４月　副社長付役員秘書
主な仕事◇スケジュール管理
◇電話・来客の応対
◇アポイントメント・出張の手配
◇手紙・リポートの作成
◇慶弔業務

■語学スキル❸

TOEIC® L＆R公開テスト スコア760点（令和○年10月取得）
実用英語技能検定１級（令和○年７月取得）

■ＰＣスキル

使用ソフト：Word，Excel，PowerPoint

❹

■自己ＰＲ／大学卒業後、秘書としてずっと補佐業務に携わってきました。スケジュール管理から、あらゆる方面への気配り、手配といった仕事は、フロント業務に通じるものがあると思います。未経験ではありますが、幅広い業務に携わった経験と得意な英語を生かし、国内外のお客様から信頼されるスタッフ目指して全力を尽くしたいと思います。

### ポイント

❶なぜ異業種に転職するのか、前向きな理由を明確に記す。

❷業務内容は、より詳細に記載。そうすることで、接点が見えてくる。

❸希望職種に関連のあるものはもちろん、直接関係ないと思われるものでも、取得資格・特技は必ず記す。

❹希望職種と前職との接点を探し、自分にできることをアピールする。未経験の不安を相手に感じさせない書き方が大切。

# 異業種に転職する場合 ×

## 職 務 経 歴 書

令和○年○月○日

真山耕平（26歳）

〈希望職種〉　営業スタッフ

〈職務経歴〉

令和○年４月　　藤崎運輸株式会社に入社

（事業内容：引っ越しサービス業、従業員数：650名）

令和○年５月　　新人研修後、総務部人事課に配属

主な業務・勤怠管理

・給与計算業務

・労働保険・社会保険事務

・社内研修の運営

・会社案内の改訂

・人材開発

・年間採用計画の立案

令和○年７月　　総務部総務課に異動

主な業務・福利厚生施設の管理運営

・備品の購買管理

・社内ＯＡ研修の企画・運営

・営業担当者の出張サポート

〈ＰＣスキル〉

経験機種：Windows 11

使用ソフト：Word，Excel

〈自己ＰＲ〉

旅をすることが大好きで、学生時代、長期休暇に入ると貴社発行のガイドブックを片手に、日本中を旅行して歩きました。就職は、迷うことなく旅行代理店を第一希望にしていたのですが、当時は新卒の採用募集が少なく、あきらめざるを得ませんでした。今回、貴社の求人を知り、再出発するつもりで応募しました。学生時代ほどではありませんが、現在もヒマを見つけては旅行に出かけ、見聞を広めています。必ずお役に立ちますので、よろしくお願いいたします。

**ポイント**

- 希望職種が現在の仕事とまったく関連がない場合、担当した業務の内容を残らず書き込むことは避け、伝えるべきことにポイントを絞って記載する。
- 希望職種が未経験であっても、**社会人の経験**があれば基礎力を期待される。書類の書き方でもその有無が判断されるので、工夫して書くことが必要。
- 仕事への意欲は、何らかの“**裏づけ**”を記述してアピールする。「好き」や「お役に立つ」に終始する書き方は、評価の対象外。

# 異業種に転職する場合

## 職務経歴書

令和○年○月○日

真山耕平（26歳）

〈希望職種〉　営業スタッフ

〈志望理由〉

社内旅行のプランニングに際して旅行代理店の方と接したことがあり、やりがいのある目指すべき職業と改めて感じました。社内向けサービス業とも言える総務部での経験・知識をベースに、「経験不問」という貴社で新たなキャリアを積みたく応募いたしました。

〈職務経歴〉

令和○年４月～令和○年６月　藤崎運輸株式会社に入社

（事業内容：引っ越しサービス業、従業員数：650名）

新人研修後、総務部人事課に配属

■担当業務
- ■勤怠管理　■給与計算業務
- ■労働保険・社会保険事務
- ■社内研修の運営　■会社案内の改訂など

■身につけた知識・スキル
- ■ＰＣスキル（Word，Excel）
- ■社会保険の基礎知識　■労務管理の基礎知識
- ■社内研修の講師アシスタント

令和○年７月～現在　総務部総務課に異動

■担当業務
- ■福利厚生施設の管理運営　■備品の購買管理
- ■社内ＯＡ研修の企画・運営
- ■営業担当者の出張サポート

■身につけた知識・スキル
- ■コミュニケーション能力の向上(取引先または社内向けの連絡・折衝・調整など)
- ■企画提案・手配・広報の実務知識（講習会開催など）

〈自己ＰＲ〉

旅行代理店への就職を目指すも、大学卒業時は新卒の募集が少なく、あきらめて現在の会社に入りました。総務で担当した仕事は、社員が毎日気持ちよく働けるように、あらゆる面でサポートするものです。４年半この仕事に携わったことで、実務が身についたことはもちろん、広い視野で物事を考え、判断することができるようになり、また気配りも、上司からほめていただくほど上手になりました。こうしたことは私にとって、大きなプラスになっていると思います。

**ポイント**

- なかには、「逃げの転職」のために異業種を希望する人もいる。はじめに「志望理由」できちんと納得のいく説明をしておけば、そのように勘ぐられることもない。
- 担当した業務内容だけでなく、それによって得たものを「身につけた知識・スキル」として記載している。こうした書き方だと採用側にとって知りたいことがすぐにわかり、「配慮の行き届いた」書き方そのものが評価されることもある。

# 職歴にブランクがある場合

ここをチェック

- □退職後に3か月以上のブランクがある場合、その説明をしておかないと誤解を招くもとに。前向きな理由を記してプラス材料にする。
- □本人の健康問題でブランクがあったときは、現在は全快して支障なく勤務できる旨を強調する。

## ●誤解を招く前に納得のいく理由を明記

職歴の中に半年以上のブランクがあると、どうしても目につきます。そのままにしておいたのでは「ただブラブラしていた」印象を与えて不利になるので、ブランク期間中に何をしていたのかをはっきりさせておく必要があります。

ブランクの理由が、スキルアップのための社会人留学やスクール通学などであれば、その旨を明記して成果を積極的にアピールしましょう。仕事に対する意欲や熱意が感じられて、空白期間もさほど問題視されなくなります。

## ●健康上の理由は全快をアピールしてカバー

ブランクの理由が親の介護や自分の健康上の問題である場合、採用側が気にするのは「現在はどうなのか」という点です。事実関係を明確にしてから、「現在は勤務可能である」ことをはっきり伝えましょう。

とくに本人の健康問題については、採用側に不安を与えない記述が必要です。全快して勤務に支障がない状態であることを、「自己ＰＲ」などの項目を立てて十分にアピールするようにしましょう。

## ●失業期間が長引いたときは対策を

真面目に転職活動をしてきても、なかなか決まらないことも少なくありません。しかし、前職を辞めてからの期間が長引くと、それだけ立場は不利になります。

ブランクの期間を「だらだら過ごしていた」と思われないためには、何らかの行動実績を示すことが大切です。**スクールなどに通って勉強していたことを記せば、失業中もスキルアップに励んでいたことの証明に**なり、目標意識の高さをアピールできます。

# 職歴にブランクがある場合の基本例

## 職務経歴書

令和○年○月○日

安田達彦（31歳）

【希望職種】　スーパーバイザー候補

❶
【志望理由】　前職では、接客販売から売上管理、企画立案、スタッフ教育、販促活動など、ひと通りのことを身につけました。また、8か月間のアメリカ留学では、日常英会話とコミュニケーション能力を高めました。こうした経験を、外国人観光客が多く来店する貴社の直営レストランで生かしたいと思います。

【職務経歴】

| | |
|---|---|
| 平成○年4月 | 株式会社サンデーストアに入社<br>（資本金6000万円／年間売上18億円／従業員数1200名） |
| 平成○年5月 | 新人研修後、中目黒店に配属<br>◇衣料品売場にて接客販売。<br>◇在庫管理、仕入れ・発注業務、計数管理。<br>◇キャンペーン企画立案・運営。<br>◇売場構成、展示陳列の見直しにより売上増を実現（平成○年対前年比30%増を達成）。<br>◇クレーム対策マニュアルの作成。 |
| 平成○年4月 | 本社販売促進課へ異動<br>◇特別セール、イベントの企画立案。<br>◇マーケットリサーチ・顧客管理の実施。 |
| 平成○年9月 | 販売促進課主任に昇格<br>◇マーケット競合状況分析・レポート作成。<br>◇顧客管理の新システムを構築。これにより社内表彰。<br>◇首都圏販売実績分析、販売促進経費管理。 |
| 令和○年2月 | 一身上の都合により退職 |
| 令和○年3月 | アメリカ合衆国K大学に聴講生として留学 ——❷ |
| 令和○年5月 | アメリカ合衆国より帰国 |

【自己PR】❸

アメリカへの語学留学は、長年の夢でした。会社を辞めてまで実現させるのにはリスクを感じましたが、現地に行って、日本では味わえないことを数多く体験することができました。いちばんの収穫は、人種を問わないさまざまな人とのふれ合いです。これは、接客サービス業に一生かかわっていきたいと考えている私にとって、大きな財産となりました。海外進出に向けて人材育成に力を注いでいる貴社で会社とともに成長し、貢献したいと考えています。

### ポイント

❶ブランク期間中の経験を、これからどのように仕事に結びつけるかについてもふれる。
❷ブランクが長期にわたる場合は、その間何をしていたのかを簡潔に記す。
❸ブランク期間の内容を表面に出し、目的や得た体験、今後どんな方向を目指して頑張りたいかなどについて記載。

# 職歴にブランクがある場合 ✕

## 職務経歴書

令和〇年〇月〇日

渡辺道代（28歳）

■**希望職種**　Ｍａｃオペレーター

■**志望動機**　前職の新人研修でＯＡ操作を初めて学んで以来、自分でも興味があったことから積極的に技能習得に努めました。この技能を生かした専門職に就きたいと思い、応募いたしました。

■**職務経歴**

平成〇年４月　株式会社 日の出ハウジングに入社
（事業内容：住宅リフォーム業／従業員数960名）
２週間の新人研修を経て、営業研修のために本社営業部ショールームに配属。

平成〇年５月　横浜支店経理部に配属
経理の流れ、経理ソフト活用を習得。
定型的な経理業務を遂行。

令和〇年４月　経理部主任に昇格
上司代行も務める。

令和〇年３月　本社経理部へ異動
定型的な経理業務を遂行。

令和〇年５月　一身上の都合により退職、現在に至る。

■**ＰＣスキル**

使用ソフト：Word，Excel

**ポイント**

- ブランクの理由が「本人の健康問題」である場合の例だが、病気に関する記載が何もないので「**何か隠している**」という印象を与える。病気での退職を強調する必要はないが、早めに記して**採用側の不安を取り除く**こと。
- 根本的に職務内容に関する記述が不足している。「定型的な経理業務」だったとしても、具体的にどんな仕事をしたのかは必ず記載する。希望職種に直接関係がなくても、同じ業界であれば**関連の知識をアピール**できる。

# 職歴にブランクがある場合

## 職務経歴書

令和○年○月○日

渡辺道代（28歳）

**■希望職種**　Ｍａｃオペレーター

**■志望動機**　前職では、ＰＣ活用による経理業務に携わっていました。体調を崩してやむなく退職しましたが、その間も意識的に自己啓発を行い、ＰＣスクールに通うなどして積極的にスキルアップに努めてきました。前職で得た業界知識や経験も生かせる貴社で、新しいステップを踏み出したく思います。

**■職務経歴**

平成○年４月　株式会社 日の出ハウジングに入社
（事業内容：住宅リフォーム業／従業員数960名）
２週間の新人研修を経て、営業研修のために本社営業部ショールームに配属。
◆ＯＪＴによりカウンター業務を経験。

平成○年５月　横浜支店経理部に正規配属
経理の流れ、経理ソフト活用を習得。
◆伝票仕訳、パソコン入力　◆出納業務
◆銀行の入金・残高確認

令和○年４月　経理部主任に昇格
上司代行も務める。
◆月次決算・中間決算業務
◆会計システムの変更に伴う業務の分析　◆勘定管理

令和○年３月　本社経理部へ異動
経費精算から年次決算までひと通りの経理業務に携わる。
◆業者との折衝窓口を担当　◆新入社員のＯＪＴを担当

令和○年５月　一身上の都合により退職
その後ＰＣスクールに通学し、操作技能と応用知識を習得。

**■ＰＣスキル**

使用ソフト：Word，Excel
Illustrator, Photoshopの基本操作は習得済み。
InDesignは現在ＰＣスクールで応用知識を学習中。

**■自己ＰＲ**

退職に至ったことは残念ですが、そのために自分の進みたい方向が定まり、結果としてプラスになりました。今は健康も回復し、何も問題はありません。新しいことにもどんどん取り組んで、有能なオペレーターになりたいと考えています。

**ポイント**

- 病気の内容については、「**聞かれたら答える**」という姿勢でいればよい。ここでは詳しい説明は不要。
- 現在は完治して業務に支障がないことを明記するとともに、失業期間が長いと職務能力の低下が疑われるので、**仕事への意欲**もアピールしておきたい。
- 希望職種がＰＣオペレーターなので、PCスキルに関しては詳しく記載。**現在学習中**のものがあれば、それも書くようにする。

COLUMN

# 結婚・出産を経ての再就職はどうする？

主婦が再就職する場合、重要なポイントは「離職してから現在まで何をしていたか」ということです。結婚・出産・育児は女性にとって大切なことですが、ブライダルや教育関連など一部の業種を除き、あまり評価されることはありません。

子どもから手が離れたら再就職したいと考えている人は、それに向けての行動を、できることから始めてみましょう。専業主婦に対して、採用側には「うまく溶け込めるか」という不安があります。しかし、主婦のかたわらパートやアルバイトをしていれば、ビジネスマナー的な感覚もすぐに戻るだろうと解釈され、印象もよくなります。

また、スクールに通うのもいいことです。1～2年のブランクならともかく、それ以上となると状況が大きく変わってくるため、たとえばＰＣスキルなども、結婚前のものが通用するかは疑問です。スクールに通って、アップグレードしたソフトに対応できるようにしておくことは、再就職を希望する人間として当然の準備でしょう。

資格にも同様のことが言えます。単なる飾りにしておくのではなく、レベルアップにチャレンジしたり、常に使える能力として磨きをかけておくことが望まれます。

主婦の再就職は、日本ではまだむずかしいのが現実です。だからこそ、ブランクの期間中も自己啓発に努め、正社員として働くことを目標に〝何か〟行動を起こすことが大切なのです。

大変ではありますが、その大変さの中で努力を怠らなかった点をアピールすれば、十分な評価が期待できます。漠然と「働きたい」と思っているだけでは、道は開かれません。

# PART 5

# 自分を売り込む添え状の書き方

戦略的に活用して
書類選考を有利に導く

# 添え状をただの送り状にしないために

ここをチェック

□履歴書や職務経歴書を送るときは、必ず添え状をつける。これは、ビジネス社会のマナー。

□添え状は、応募書類に興味を持ってもらうためのものでもある。採用担当者に読みたいと思わせるように、注意を引きつける自己ＰＲを盛り込む。

## ●添え状はつけて当然のビジネスマナー

ＦＡＸやビジネス文書を送るときは、必ず送付状をつけます。いきなりそれだけを送りつけるのはマナーに反する行為で、社会人としての常識を疑われます。

履歴書・職務経歴書を送るときもまったく同じで、忘れずに添付したいのが添え状（カバーレター）です。

これを応募書類につける人は少ないようですが、相手は面識のない採用担当者です。簡単なあいさつ状を送付するのは、礼儀の点でも当然でしょう。

## ●自己ＰＲ文として利用価値は高い

礼儀上欠かせない添え状ですが、ただそれだけのものではありません。それは、自己ＰＲ文として活用すべきものでもあります。

履歴書や職務経歴書に書ききれなかった自分のアピールポイントは、この添え状を利用して書きましょう。自分について知っておいてほしいことなど、職務経歴書に書くのはちょっと、と思われるようなことも、添え状になら無理なく書くことができます。**熱意を伝える「もう一つの手段」**とも言えるでしょう。

## ●応募書類に興味を持たせる書き方を

ただし、自己ＰＲをくどくど書くのは逆効果です。**添え状は最初に目を通すものなので、長いと煩わしい印象**を与えてしまい、履歴書や職務経歴書を熱心に読んでもらえなくなります。

添え状は、あくまでも応募書類を読んでもらうためのものです。それには、書類に書いた自分のアピールポイントを拾い上げ、添え状の中に適宜入れ込んで、採用担当者の注意を引きつけるようにまとめることです。

# 添え状作成のポイント

### ❶手書き・パソコンのどちらでもよい

手書きの文字は印象的だが、最近は添え状もパソコンで作成する人が多い。どちらにするかは自分の考えで決めてかまわない。手書きの場合、白無地の便箋にインクの色は黒かブルーブラックで書く。パソコンの場合、署名は自筆で。

### ❷用紙はA4サイズで１枚が基本

職務経歴書に合わせてA4サイズにすると、採用担当者が整理しやすい。送付状であることを忘れず、枚数は必ず１枚。簡潔な文章にまとめる。一筆箋はビジネスレターには不向き。

### ❸横書きにするのが一般的

手書きの場合は縦書きでもよいが、ビジネスレターであることを考慮すると横書きがベスト。履歴書も職務経歴書も横書きなので統一感が出る。また、数字や英字を書く必要がある場合、横書きのほうが書きやすいし読みやすい。

### ❹文体は「です」「ます」調で統一

面識のない採用担当者へのあいさつも兼ねているので、「です」「ます」調を使った丁寧な書き方を心がける。敬語の使い方にも気をつける。

### ❺注意を引きつけ、関心を持たせる語句を入れる

採用担当者は、関心を持った応募者の履歴書・職務経歴書はじっくりと目を通すもの。文面には担当者の注意を引くような語句（人材ニーズに関するもの）を入れて、自分に関心を持たせるようにする。

# 添え状の基本スタイルと注意点

ここをチェック

□プラス効果をねらって添え状をつけても、いいかげんな書き方では逆の結果を招くこともある。きちんと書式を守り、相手に失礼のないように書くこと。
□アピールのしかたは自由だが、履歴書や職務経歴書に書いた内容と重複しないように注意する。

## ●ビジネスレターの書式で書くのが基本

応募書類に添え状をつけて提出する人は少ないと先に述べましたが、それはつまり、添付することで他の応募者との差別化を図れるということです。しかし、つけたからといって、必ずしも優位に立てるとは限りません。こんな文書ならつけないほうがましと思えるような、いいかげんな書き方をしたものも中にはあるからです。

プラスイメージを与えようとしてやったことが、逆にマイナスとならないように、添え状はきちんとルールを守って書きましょう。ビジネスレターの書式に従うのが基本です。

## ●社会人としての常識ある書き方を

添え状は、左ページの書式のとおり、表題に続いて「拝啓」などの頭語から書き始めます。手紙を書き慣れていないと堅苦しい感じがするかもしれませんが、正式な文書である以上、こうした決まりごとを無視するわけにはいきません。

「前略」というのは、「あいさつは省略する」の意味なので、添え状で使うと、採用担当者に失礼になります。**丁寧に「拝啓」で始め、終わりは「敬具」で締めましょう。**

こうしたことは、社会人としての常識的なマナーです。

## ●重複した内容では読む気を失う

添え状に自己PRを盛り込むときに気をつけたいのが、履歴書や職務経歴書に書いたのと同じようなことを書かないということです。

「高レベルのプロを目指して養成校に通い、○○の技能を習得」といった魅力的なアピール文でも、何箇所かで似たような記述を目にするのでは、相手は読む気を失ってしまいます。

# 添え状の基本スタイル

日付

応募先の社名
部署（職位）
担当者名

住所

電話
メール
氏名　印

表　題

頭語〈**拝啓**〉　前文

本文（書き出し文）

自己PR・志望動機など

面接・採用検討のお願い

末文

結語〈**敬具**〉

# 書き方の手順と添え状の実例

ここをチェック

□添え状は5つの項目で構成されており、順序に従って文章にすると上手にまとまる。中心部分をしっかり読んでもらうために、応募書類を同封した旨は終わりのほうに書くのがポイント。

□求人を広告で知った場合は媒体を、だれかの紹介である場合はその旨を記載する。

### ●応募書類へ誘導する書き方がベスト

添え状の構成は、大きく分けると次の5つの項目から成っています。

①頭語・前文
②応募の経緯・希望職種
③自己PR・志望理由
④面接・採用検討のお願い
⑤末文・結語

中心となるのは③の部分ですが、自己PRは職務経歴書などで十分したというのであれば、簡単な自己紹介ですませてもかまいません。

ただし、その場合も、採用担当者の注意を引く語句を入れて関心を持たせ、履歴書・職務経歴書へと誘導する書き方をするのが大切です。

### ●「応募の経緯」にも必ずふれておく

何で求人を知ったのか、応募のきっかけについては書き出しの部分でふれておきます。

**採用側は、応募者が何を媒体に申し込んできたのかに強い関心を持ちます。**数社の新聞に求人広告を出した場合、最も効果があったのはどの新聞かを知りたがるものなので、新聞広告が媒体のときは「○○新聞」のように名前を明記しましょう。

知人などの紹介の場合も、その旨を記します。コネがあるだけでは採用に至らないのが現実ですが、紹介者によっては選考時にプラスになる可能性がないとはいえません。

### ●書類の同封を伝えるのは終わり部分で

主文で自己PR、志望理由などを記述したら、続いて面接・採用検討のお願いを記します。

添え状としての意味合いから、まず履歴書・職務経歴書を同封していることを伝えますが、これを終わりのほうで書くのは、自己PR・志望理由などを採用担当者にしっかり読んでもらうためです。

# 書き方の手順とポイント

## 1 前付を書く

**〈日付・氏名・住所〉**

- 日付は提出する年月日を記入する。履歴書・職務経歴書の日付とそろえること。
- 住所には郵便番号も書き添える。氏名の後には捺印するが、省略してもよい。

**〈あて先〉**

- 志望先の会社名、部署名、担当者名（フルネーム）を書く。封筒のあて名とそろえる。
- 担当者名がわからない場合は、部署名に「御中」としてもよいが、電話で確認して書くのがベスト。

## 2 前文を書く

**〈表題〉**

- 何について書かれた手紙か、ひと目でわかるようにタイトルを書く。
  「応募書類の送付について」
  「企画部スタッフとして応募のこと」

**〈頭語・前文〉**

- 初めて出す正式な手紙であることをわきまえて、きちんと頭語から始める。
- 頭語は「拝啓」が一般的。「謹啓」とすると、とくに丁寧な言い回しとなり、主文もそれに合った表現をしなければならない。
  「拝啓　貴社ますますご隆盛のこととお喜び申し上げます」
  「拝啓　貴社におかれましてはいよいよご繁栄のこととお喜び申し上げます」

## 3 主文を書く

**〈応募の経緯・希望職種〉**

- どのようなルートで応募したかを述べ、希望職種を明記する。
- 求人広告による応募は、広告の掲載日と媒体名を記す。紹介による応募は、紹介者の氏名・身分を明記。
  「3月5日付の毎朝新聞で貴社の求人広告を拝見し、営業部員として応募させていただきました」

**〈自己PR・志望理由〉**

- 自分の最大の“売り”を、自己紹介を兼ねて記載する。志望理由は、採用担当者を納得させるものを。
- 添え状のメイン部分だが、長すぎないようにする。応募書類との内容の重複にも注意。
  「設計事務所に勤務のかたわら養成校に通い、建築図面の基礎知識やCAD操作を取得しました。『未経験者可』という貴社で、自分を生かし伸ばしたいと考え、応募いたしました」

**〈面接・採用検討のお願い〉**

- 履歴書・職務経歴書を同封してある旨を伝え、検討してくれるようお願いして面接を申し込む。
  「履歴書および職務経歴書を同封いたしましたので、よろしくご検討のうえ、ご面談の機会をいただけますようお願い申し上げます」

## 4 末文を書く

**〈末文・結語〉**

- 終わりのあいさつを述べて締めくくる。
- 結語は、頭語の「拝啓」に合わせて「敬具」とするのが一般的。最終行か次行の右端に書く。
  「まずは取り急ぎお願い申し上げます　敬具」

# 添え状の基本形①（自己PRを加えた例）

令和○年6月8日

❶
株式会社カトーシステム
総務部人事課
相沢久雄様

〒160 － 00××
東京都杉並区野方1－×－×－401
TEL090 －3387－56××
E-mail Kota123@prxx.xx
井上公太郎 井上

## 応募書類の送付について

❷拝啓 ❸青葉の候、貴社におかれましてはますますご清栄のこととお喜び申し上げます。

先日、❹貴社サイトの求人募集を拝見し、システムエンジニアとして選考の対象にしていただきたく、応募させていただきます。

❺私は7年間、システムの設計・開発に携わってまいりました。ヒアリングから設計、テスト、納品、運用サポートまで、すべての工程に実績がありますので、貴社事業に十分お役に立てるものと考えます。

つきましては、履歴書・職務経歴書を同封いたしましたので、ぜひご検討のうえ、面接の機会をいただけますよう心よりお願い申し上げます。上記の連絡先までご連絡いただければ幸いでございます。

まずは取り急ぎお願い申し上げます。

❻敬具

**ポイント**

❶会社名は略さず、正式名称を書く。「株式会社」を「(株)」としないように。
❷「拝啓」などの頭語は1字下げにしないで、行頭から書く。
❸「拝啓」に続いて、簡単な時候のあいさつを入れてもよい。
❹求人情報をどこで知ったか、媒体名を明記する。
❺自分のセールスポイントを伝える。職務経歴書などで十分伝えてあれば、軽く自己紹介する程度でもよい。
❻頭語が「拝啓」なら、結語は「敬具」。ルールなので覚えておく。

# 添え状の基本形②（連絡に関するお願いを加えた例）

令和○年５月15日

片倉商事株式会社
総務部採用人事課
青木隆二様

〒116－00××
東京都荒川区町屋１－×－×
町屋ガーデンハウスA603号
電話：080－3819－56××
メール：Ohi@jikopxx.xx
大井　勇三　（大井）

❶
営業職募集についてのお願い

拝啓　貴社ますますご隆盛のこととお喜び申し上げます。
　先日はお電話にてご対応いただき、誠にありがとうございました。さっそくながら、営業職として選考していただきたく思い、応募させていただきます。

❷
　私は、新卒でこの業界に入り、約５年にわたって営業業務に携わってまいりました。決して派手なタイプの営業マンではありませんが、より充実したサービスを提供することにより、多くのお客様との間に信頼関係を築き、それを業績アップにつなげることができました。❸
　私の経歴の詳細につきましては、同封の履歴書と職務経歴書をご覧いただき、ぜひお目にかかる機会をいただければ幸いと存じます。
❹なお恐縮ですが、平日は帰宅が午後10時を過ぎることが多いため、電話連絡を頂戴する際は留守番電話にご伝言いただけますでしょうか。翌日、必ずこちらからご連絡申し上げます。
　何とぞよろしくお取り計らいくださいますよう、お願い申し上げます。

敬具

**ポイント**

❶一度に複数の職種を募集している会社に対しては、どの職種を希望して応募したのかタイトルに示すと配慮が感じられる。
❷「文字びっしり」は読み手に敬遠されるので避ける。少しでも読みやすくするため、キリのよい段落で1行あけるとよい。
❸簡単に自己紹介する場合でも、採用担当者の注意を引くキーワードは入れたい。
❹１人暮らしの人は、確実な連絡方法を明記する。留守番電話へ伝言を依頼する場合の書き方は、失礼のないように。

# キャリアが浅い場合の添え状

ここをチェック

- □勤続年数が短い若い人の場合、実績の乏しさは「将来の希望」でカバーする。やる気や柔軟性も積極的にアピールして、相手に期待感を抱かせる書き方をするのがポイントになる。
- □書式を守った丁寧な添え状の作成は、社会人としての経験不足をカバーすることにつながる。

## ●短い期間でも得たものをアピール

たとえ1週間でも、真面目に働いた人と未経験者では違います。そこで得たものが志望する企業や仕事に役立つなら、それが評価の対象にならないはずはありません。

したがって、勤続年数が短くても必要以上に気にせず、経験したことや身につけたことを積極的にアピールしましょう。

20代前半の若い人の場合、実績が乏しくてもしっかりした将来の希望を伝えることで、採用側に好印象を与えることは可能です。

## ●“人柄”と“やる気”を前面に出す

技術職や専門職の場合は別ですが、一般的な求人では、実務経歴もさることながら、“人柄”と“やる気”を採用選考の基準にするところも少なくありません。

そのため、応募書類でキャラクターを伝えることも必要ですが、最初に目を通す添え状を利用しない手はありません。自分の人となりをイメージさせる文面に、「経験は少ないが意欲と努力で頑張る」旨の記述をプラスして、仕事に積極的に取り組む姿勢を示しましょう。

## ●丁寧な添え状で経験不足をカバー

転職3点セットの一つとして、添え状も手を抜かずに作成したいものですが、社会人経験の少ない人は、とくに丁寧に仕上げるようにしましょう。

書式どおりのきちんとした書き方をすることで、勤続年数は少ないながら、**社会人としてひととおりのことは身につけてきたという印象を与える**ことができます。

敬語の使い方や文章表現にも、ミスがないよう十分気をつけましょう。

# キャリアが浅い場合

令和○年７月7日

グレース化粧品株式会社
総務部人事課
阿部誠司様

〒273－00××
千葉県船橋市旭町１－×－×
TEL080－5844－34××
E-mail Izutake@careerxx.xx
武田いずみ 武田

営業職求人への応募の件

拝啓　小暑の候､貴社におかれましてはますますご隆盛のこととお喜び申し上げます。

　先日は貴社の会社説明会に参加させていただき、誠にありがとうございました。営業職としてさっそく応募させていただきます。

　私は、先月まで食品メーカーで営業アシスタントの仕事をしておりました。業務はパソコンでの顧客管理、受発注業務、請求書発行、在庫管理など多岐にわたり、キャンペーンのイベントでは運営や手配なども行いました。営業職としての経験はありませんが、貴社の商品を長年愛用し、その品質のよさは使うたびに実感しておりますので、営業する上でまったく不安はございません。一人でも多くの女性に喜ばれる仕事をしたいと、心から思っております。

　つきましては、履歴書と職務経歴書を同封いたしましたので、ぜひご検討の上、面談のご連絡を賜りたいと思います。どうぞよろしくお願い申し上げます。

敬具

**ポイント**

- 在職期間が短くても、営業にかかわる業務をいろいろ担当していたということで、**実務能力をアピール**している。より詳しい職務内容は職務経歴書に譲るとして、ここではポイントをおさえた**簡単な説明**でかまわない。
- 転職経験のない第二新卒の応募書類は、全体的に幼稚な印象や熱意に欠ける印象を与えがち。書類選考で不利にならないように、しっかりした**前向きの考え**を添え状で**丁寧に伝える**。

# フリーターをしていた場合の添え状

ここをチェック

□フリーター経験をマイナスと決めてかからず、自分のしてきた仕事が、応募企業のどのようなところで生かせるかを具体的に書く。
□ミスのない常識的な添え状の作成は、フリーター経験者への〝偏見〟を覆すのに効果がある。

### ●フリーター経験をプラスイメージに

フリーターの経験は、必ずしもマイナスとは限りません。複数の仕事をしていろいろな経験をしたことは、書きようによっては十分アピールできることです。

その場合、まず応募する企業の仕事内容をしっかり把握することが大切です。そのうえで、自分の経験を生かすことのできる仕事を直接指摘などするとよいでしょう。

真面目な勤務姿勢と仕事への意欲を伝えられれば、フリーター経験をプラスに変えることも可能です。

### ●常識ある社会人として〝偏見〟を覆す

フリーター経験者には、「新卒で就職できなかったのは能力的に問題があったから?」「採用しても長続きしないのでは?」というマイナスイメージがあります。また、「社会性に欠ける」といった〝偏見〟もあるため、書類選考で落とされないようにするには、それを覆すべく、「常識ある社会人」を書類上で印象づけることが大きなカギです。

ことさら改まった調子にする必要はありませんが、**採用側には敬意を表した書き方、自分にはへりくだった表現**を心がけましょう。内容面でも、堅実で筋の通ったものであることが望まれます。

### ●作成はミスをなくして慎重に

関連したことですが、誤字・脱字は絶対ないようにしましょう。「これだからダメだ」と思われないためにも、これはぜひ守りたいことです。

言葉の間違った使い方にも気をつけましょう。意味のあやふやなものは、辞書できちんと確かめるのが基本です。立派な手紙にしようと、**使い慣れない難解な言葉を無理に使うことはありません。**

# フリーターをしていた場合

令和○年５月9日

株式会社ティタン
人事部採用担当
伊東吾郎様

〒270－00××
千葉県松戸市新松戸１－×－×
電話／090－5849－34××
メール／Junk@freexx.xx
川島 純一 （川島）

店長候補への応募の件

拝啓　貴社ますますご清栄のこととお喜び申し上げます。

１月８日の朝刊にて貴社の求人広告を拝見し、店長候補を募集されていることを知りました。ぜひ私も選考対象の一人として加えていただきたく、応募させていただきます。

私は、大学在学中から外交官試験を受け続け、昨年の秋に3度目の失敗をいたしました。３回チャレンジしてダメだったらあきらめようと考えておりましたので、残念ではありますが、現在何も思い残すことはありません。今後のことに気持ちを切り換え、できれば接客サービスの分野で働きたいと願っております。

と申しますのも、試験勉強のかたわら複数のアルバイトを経験しましたが、つい最近まで勤めていた和風レストランで、外食産業の魅力にとりつかれたからです。リピーターのお客様から、「この店はいつ来ても感じがいいね」と言葉をかけてもらうときほど、うれしいことはありません。お客様とのふれあいを肌で感じられるこの仕事に、これからもかかわっていこうと心に決めた次第です。

アルバイトチーフとしての経験を、「令和○年、200店舗出店」を掲げる貴社で生かし、全国展開の目標達成に貢献できれば本望です。

つきましては、履歴書および職務経歴書を同封いたしました。ご検討のうえ、ぜひとも面接の機会を賜りますよう、よろしくお願い申し上げます。

敬具

**ポイント**

- フリーターになった理由は、この例のように明確なものでなくても、必ず記載。要は、「目的もなくフラフラしていた」印象を与えないこと。
- 夢を断念しての応募の場合は、夢への未練はなく、仕事に全力を尽くしたい旨を強調する。「しかたなく応募する」という印象を持たれると不利になる。
- 応募企業に関する情報にどこかでふれると、採用側に「調べてわかっているな」という好印象を与える。

# 派遣社員をしていた場合の添え状

ここをチェック

□派遣社員で働いていた人は即戦力として期待されるが、採用側には不安もあるもの。その内容を理解して、添え状では積極的に不安解消に努める。

□スクール通学、セミナー受講など自己啓発の経験があれば記載して、勤務意欲をアピールする。

## ●目標を記して勤続意志の表明を

派遣社員で働いていた人には、即戦力としての期待がある一方、「組織に所属して長く働くことができない人なのでは？」という不安もあるものです。

添え状では、そういった不安を打ち消す記述は欠かせません。正社員になりたい理由とともに、長く勤続したいという気持ちや意欲を前面に出します。

ただ、それだけでは弱いので、何か目標を記してアピールするのがコツです。

## ●自己啓発で前向きな姿勢を伝える

一般に、有能な派遣社員ほど、契約更新の回数は多くなります。職務経歴書には、その回数も忘れず記入しますが、ただ漠然と契約を更新していたわけではなく、それと比例してキャリアアップに努めてきたことも伝えておきたいものです。

自分を高めるためにスクールに通ったり、通信教育で勉強したりした経験があれば、添え状でアピールしましょう。独学で何かを身につけた場合など、自己ＰＲとして記すには格好の材料になります。

こうした自己啓発の経験は、勤務意欲のあらわれとして、採用側に好印象を与えます。**希望職種・業界に関係するセミナー受講や大学の聴講なども同様**です。

## ●環境への順応性もさりげなくアピール

先にも述べたように、派遣社員をしていた人には「組織で働けないタイプでは？」というイメージがあります。

添え状では、**その対策として、職場での良好な人間関係やコミュニケーション能力**にもふれ、環境への順応性をアピールしましょう。

# 派遣社員をしていた場合

令和○年6月25日

株式会社サンヨー商会
総務部人事課
上原光代様

〒228－00××
神奈川県相模原市相模台1－×－×
電話／042－767－34××
携帯電話／080－3286－99××
E-mail/Takayama99@hakenxx.xx
高山小百合 （高山）

応募書類送付について

拝啓　時下ますますご清栄のこととお喜び申し上げます。

さて、6月24日付の新聞紙上において、貴社の求人広告を拝見し、店舗販売スタッフとして応募させていただきます。

私は現在、ＪＰ派遣スタッフ株式会社の派遣スタッフとして、大手婦人服メーカーの直営ブティックで販売を担当しております。同店での販売経験は3年になり、今年4月からは店長のアシスタント業務とスタッフのローテーション管理も任されるようになりました。

ブティック販売ということで、昨年は色彩検定2級を取得し、今年は1級を受験予定です。インターネット利用や講習会参加による情報収集も頻繁に行い、いつでもお客様に適切なアドバイスができるよう心がけて、実際に喜んでいただいております。

ただ、派遣スタッフという職種の性質上、どうしても職務内容が限られてしまいます。かねがね、販売企画から顧客サービスに至るまでをトータルにとらえ、その中で自分の能力を最大限に生かしたいと考えておりました。

今回、貴社の求人に応募いたしましたのは、そのような理由からです。履歴書および職務経歴書を同封いたしましたので、ぜひともご面談の機会を与えていただきたく、よろしくお願い申し上げます。

敬具

**ポイント**

- 仕事関連の資格を取得したことで、前向きな勤務姿勢をアピールしている。仕事に役立つものなら何であれ評価されるので、必ず記載。
- 「店長のアシスタント業務」と「ローテーション管理」を任された旨の記述で、職場にうまく溶け込み、円満な人間関係を築いていることを示している。
- 正社員を希望する理由が明確。採用側の「なぜ？」に、説得力のある言葉で伝えたい。

# 転職回数が多い場合の添え状

ここをチェック

□転職を繰り返した理由は、憶測される前に自分からふれておくのが賢明。同じ職種での転職なら一貫性があり、ステップアップをアピールすることができる。

□今回を最後に、もう転職は繰り返さない旨の記述は欠かせない。

## ●転職を繰り返した理由がメイン

在職期間が1年前後で転職を繰り返した場合、さまざまな憶測をされるのが普通です。

そこで、明確な転職理由がないときは、添え状で自ら転職回数の多さにふれて、無難な理由を述べておくようにしましょう。**先手を打っておくことで、必要以上に詮索されるのを防ぐ**ことができます。

転職の理由は、「チャレンジ精神が旺盛」など、あくまでも前向きなものを記し、間違っても「逃げの転職」をイメージさせないことが大切です。

## ●同職種での転職は〝一貫性〟を強調

転職回数が多くても、同じ職種で転職を繰り返している場合は、職歴としての〝一貫性〟を強調できます。「ステップアップ」を転職理由とすることで、多少の回数の多さは納得させられるでしょう。

ただし、口先だけのステップアップでは、すぐ見抜かれてしまいます。**職場を変わるごとにどのように向上していったのか、小さなことでよいので具体的な記述が必要です。この部分は職務経歴書に記しましょう。**

## ●「転職はこれが最後」の意志表示を

転職回数が多い人は、また同じことを繰り返さないとも限りません。採用側が不安に思うのも、その点でです。

実力レベルがまったく同じ応募者がいたら、採用側は当然リスクの少ないほうを選ぶでしょう。

そこで忘れてならないのが、もう転職は繰り返さないという意志表示です。今回が最後の転職であり、これまでの転職を役立てる決意であることを、添え状で強調しておきましょう。

# 転職回数が多い場合

令和○年9月15日

古河電機株式会社
総務部人事課
鎌田紀夫様

〒152－00××
東京都目黒区下目黒1－×－×
TEL：090－3493－56××
E-mail : Yohei@tenxx.xx
宮内 洋平 宮内

経理スタッフへの応募の件

拝啓　貴社ますますご盛業のこととお喜び申し上げます。

さて、貴社サイトの求人募集を拝見し、経理スタッフとして選考していただきたく、応募させていただきます。

私は、大学卒業後に都市銀行の営業マンを経験し、財務の知識を買われて不動産会社に転職､経理から財務にまたがる幅広い業務を担当しました。数字を扱う仕事には、地道ながら第一線の営業にはないおもしろさがあります。以来７年間、経理業務に携わってまいりました。

その間、３回の転職をいたしましたが、うち１社は会社都合によるもの、残る２社はキャリアアップを図ってのものです。経理も会計ソフトによる自動化によって大きく変化しましたが、便利である反面怖さも覚えます。経理のプロとしては、その本質を忘れることなく、腕を磨いてまいりました。

つきましては、ぜひとも貴社の経理スタッフとして採用選考の対象にしていただきたく、履歴書に職務経歴書を添えまして送付申し上げます。何とぞご査収・ご検討のうえ、最後のチャレンジをさせていただけますよう、心からお願い申し上げます。

敬具

**ポイント**

- 転職の多い理由が**キャリアアップを図ってのもの**であるとの説明があり、説得力がある。キャリアアップした具体的な内容については職務経歴書で記し、ここでは採用側に転職理由を納得させて関心を持ってもらうのが目的。
- 「**最後の転職にしたい**」意志を、**末文**で伝える。このとき、自分が役に立つ人材であることを前の部分でアピールしておかないと、「ムシのいいお願い」に取られかねない。

# リストラや倒産で転職する場合の添え状

ここをチェック

□リストラや倒産を経験しても、身についたキャリアは変わらない。自分を卑下して過小評価することなく、正確に、客観的に伝えることが大切。

□添え状で〝懇願〟は禁物。プラス思考でチャレンジへの意欲を示すことが重要。

## ●〝懇願〟より貢献できることをアピール

自分の意志で退職したわけではなく、会社の都合で転職せざるを得なくなった場合、「なぜこんなことに」という思いがあるのは当然です。

しかし、添え状にそれを書くのはいけません。まして、自分の窮状を訴え、「何でもやりますから雇ってください」のような書き方をするのは、絶対に避けたいことです。

相手は企業です。懇願して常識を疑われるより、自分に何ができるか、どんなことで応募企業に貢献できるかを考えましょう。それを添え状でアピールしてこそ、採用のチャンスも回ってきます。

## ●キャリアの過小評価は見苦しいだけ

リストラの対象になったからといって、キャリアまですべて否定されたわけではありません。それは、自分の身についた財産です。必要以上に卑下して過小評価した記述は、読む側としても気持ちのよいものではなく、見苦しいだけです。自分を認めてもらうのに必要な情報は、正確に客観的に伝えましょう。

**応募する決め手となったことが何かある場合は、思わぬアピール効果を生むこともあるので、簡単に記しておきます。**

## ●ポジティブな姿勢を反映させる

リストラや勤務先の倒産による退職は、自分の責任ではありません。採用側も、そのへんの事情はよくわかっているので、必要以上に「過去」を詮索することはしないものです。

大事なのは、これからです。長年勤めた職場を失っての転職活動に不安はつきものとはいえ、できるだけプラス思考を心がけて、転職を自分に与えられたチャレンジの機会と受け止めるようにしましょう。

# 会社倒産で転職する場合

令和○年5月10日

共栄物販株式会社
総務部採用人事課
倉田哲也様

〒186－00××
東京都国立市東1－×－×
TEL：042－573－34××
携帯：090－9933－61××
メール：Sasa@kaishaxx.xx
佐々木 雄作

## 人事部門管理職への応募のこと

拝啓　貴社ますますご隆盛のこととお喜び申し上げます。

先日は貴社の会社説明会に参加させていただき、誠にありがとうございました。貴社が人事部門管理職を募集されていることを知り、さっそく応募させていただきます。

私は今年の2月まで、東関東工業株式会社に勤務しておりました。入社以来、人事・労務畑ひと筋に、主として人事制度の改善・構築に力を尽くしてまいりましたが、この2月に同社倒産のため解雇となり、現在に至っております。取引先から経理面の仕事へのお誘いもあったのですが、人事部門にこだわりを持ち続けてきた私はそのお話をお断りし、これまでのノウハウを最大限に生かせる職場を探しておりました。

そのような状況の中で貴社の会社説明会に参加し、応募させていただいた次第です。

私の詳細な経歴につきましては、同封の履歴書・職務経歴書をご高覧ください。ぜひお目にかかり、お話しする機会をいただければ幸いと存じます。50を目前にしてのチャレンジながら、新人の気持ちで仕事に取り組み、急成長されている貴社の新しい組織づくりに貢献したいと考えておりますので、何とぞよろしくお願い申し上げます。

敬具

**ポイント**

- 会社都合による退職は自分の責任ではないので、それについての詳しい説明は不要。それよりも、これまでの仕事の内容や実績を示したほうが印象がよくなる。
- 失職後によそから採用の打診を受けながら断った件からは、それだけ「人事の仕事」への強いこだわりが感じられ、アピール度が高くなる。
- 運の悪さを嘆いたりせず、チャレンジへの意欲を示す。目標を記すと前向きさが感じられる。

# 異業種に転職する場合の添え状

ここをチェック

□まったく異なるようでも、仕事には必ず共通の要素がある。前職と希望職種との間にそれを見つけ出してアピールすることで、プラスイメージを与えるようにする。

□本物のやる気と熱意を伝えるには、役立つ資格を取得するなど、具体的な行動が必要。

## ●接点を見つけて過去の経験を生かす

新しい分野に挑戦する場合、自分に何ができるかを示しましょう。前職と希望職種との間に、何もつながりがないようでも、**取引先との折衝、目標達成への努力、顧客管理、使えるPCソフト**、などのように、何かしら共通の要素はあるものです。

アルバイトや短期の仕事でも、希望する業界や職種に関連することを過去に経験していれば、それを挙げてアピールするのもよいでしょう。

経験が「まったくゼロ」よりは、**「多少は経験がある」という印象**を与えたほうが、応募者に対するイメージもかなり違ってくるはずです。

## ●転職に向けた勉強で意欲を伝える

未経験分野への転職では、希望職種に役立つと思われる資格や技能を身につけておくと何かと有利です。「○○取得に向けて勉強中」であっても、希望職種への関心・興味が本物であり、一時的なものでないことをアピールするのには十分です。

また、取得することで、未経験であっても基礎力がある印象を与えることができます。異業種への転職を目指す場合は、まずそうしたものを身につけることから始めるのが賢明です。

## ●精神論で終わらない〝やる気〟をアピール

企業が即戦力を求めているのは確かですが、技術職ならともかく、それ以外の職種では、それほど「同業」にこだわっているわけではありません。**異業種からの転職者でも、あえて異業種を志望する理由が明確で、期待が持てそうな人であれば、拒む理由はない**わけです。

経験は確かに必要ですが、結局はやる気と熱意です。謙虚に、しかし、しっかりと伝えることです。

# 異業種に転職する場合

令和○年5月17日

株式会社 三原
総務部人事課
江口達也様

〒236－00××
神奈川県横浜市金沢区富岡西1－×－×
TEL／080－7722－45××
E-mail／Asakura99@businexx.xx
朝倉 美枝子 朝倉

## 応募書類送付の件

拝啓　新緑の候、貴社におかれましてはますますご清祥のこととお喜び申し上げます。

先日は、お電話にて応募のご承諾をいただき、誠にありがとうございました。さっそく、広報部員として応募させていただきます。

私は現在、東京プラザホテルでフロント業務を担当しております。入社して丸5年になりますが、最初の1年間は料飲部門、宿泊部門でそれぞれの業務を体験、2年目にベルパーソンとしてお客様のフロント手続き案内、客室までの誘導案内を行い、3年目に今のフロント担当となりました。

この業務は、お客様に快適に過ごしていただくための、いわば総合窓口で、すばやい対応と細かい気配りが要求されます。また、いつ、どんな質問をされてもお答えできるように、担当業務に関してだけでなく、ホテル全体のことも広く知っておかなければなりません。

異分野ではありますが、こうしたことは、企業内の広報と共通する部分ではないかと思います。社内のことを把握し、対外的なイメージづくりのためにそれを最大限に活用する広報業務に、私の経験を生かすことができれば本望です。機会を与えていただけますなら、微力ながら全力を尽くして貢献したいと思っております。

私の経歴の詳細につきましては、同封の履歴書と職務経歴書でお知らせいたしておりますが、ぜひご検討のうえ面談のご連絡を賜りますよう、よろしくお願い申し上げます。

敬具

**ポイント**

- 希望職種と現在の仕事との間に、うまく共通する要素を見つけてアピールしている。こじつけではなく、採用側に「なるほど」と思わせる説明を心がける。そのためには、希望する業界や職種について調べておくことが必要。
- ここではふれていないが、採用されたら私は広報スタッフとしてこんなことができるということを、具体的に示すとインパクトのある添え状となる。

# 同職種に転職する場合の添え状

ここをチェック

□経験のある職種に応募する場合、大切なのはステップアップ意識を明確にすること。応募先でできることを挙げて、記述を具体的なものにする。

□実績のＰＲは最小限のデータを書くにとどめ、自慢めいた記述は避ける。

## ●転職の動機を伝えて疑念を解く

同じ職種の転職の場合、採用側がまず思うのは、「応募者は前職場のどこに不満を持っていたのか」ということです。さらに、同じ業界であれば、「なぜ当社なのか」という疑問を持ちます。

したがって、即戦力をアピールすることも大切ですが、それ以前に、**転職の動機をはっきりさせることが重要です**。明確にしないままでいると、「採用しても長く勤まらないのでは?」という印象を与えて不利になります。

## ●ステップアップを強調するのがポイント

同職種への転職動機は、給与のよさであることが少なくありません。しかし、そうは書けないので、**「応募先でできること」に焦点を当てて書く**ようにします。

たとえば、同じ住宅メーカーの営業職でも、応募先はバリアフリーに力を入れているので、これからのニーズを考えて転職を決意した、などのように、応募先の特性にふれる書き方をします。

ほかにも、今まで活用できなかったスキルを使える、取扱商品でなかったものを扱えるなど、具体的なことを記してステップアップ意識を明確に出すのがポイントです。

## ●自己ＰＲに実績の自慢は避ける

同職種への応募者には、当然業務に関する一定の経験や知識はあると見なされ、いきおい評価の基準は厳しくなります。

それに対応するには、**応募企業の魅力を長々と述べるようなムダは省き、自分の実績をデータとして伝えること**です。ただし、記述は最小限に絞り、過去の実績を自慢げに書くようなことは避けます。

# 同職種に転職する場合

令和○年8月15日

ダイヤ・ジャパン株式会社
総務部採用人事課
岡崎真吾様

〒180－00××
東京都武蔵野市吉祥寺南町1－×－×
TEL：0422－76－34××
携帯電話：080－3371－26××
E-mail：Yuka33@doshoxx.xx
川瀬由佳　川瀬

## 応募書類の送付について

拝啓　貴社におかれましてはますますご隆盛のこととお喜び申し上げます。

さて、貴社サイトの求人募集におきまして、役員秘書を募集されていることを知り、さっそく応募させていただきます。

私は、大学の英文科を卒業後、大黒商事株式会社で5年間にわたって役員担当秘書をしてまいりました。業務内容は、電話・来客の応対、担当役員のスケジュール管理、文書の作成、社公式ＨＰの役員メッセージ作成などですが、昨年秋にはCBS（国際秘書）検定のライセンスも取得、米国人役員の秘書も担当できるようになりました。

しかし、同社では、海外市場の業績不振により大幅な業務縮小が実施され、米国人役員3人も本国へ戻ることが決定。事実上、同社でＣＢＳを生かすことは不可能となりました。

よき上司や同僚に恵まれ、働きやすい環境が提供されている同社ではありますが、秘書の仕事を究めたいという気持ちが私に強くあり、このたび応募に踏み切った次第です。外資系企業として、国際的な業務で実績のある貴社で、キャリアの幅を広げたいと切望しております。

私の詳細な履歴につきましては、同封の履歴書・職務経歴書をご高覧いただき、ぜひご面談の機会を与えていただきたく存じます。何とぞよろしくお願い申し上げます。

敬具

**ポイント**

- 秘書というまったく同じ職種を希望しているので、転職理由の記述は不可欠。ここでは、取得した資格を生かしたいというのが理由になっており、ステップアップを明確に示している。
- 同職種へ転職する場合、前職場への不満や批判は避けるのが基本。事実であっても、よい印象は与えない。例文は、「働きやすい環境」だったと述べていることで帰属意識が感じられ、考えたうえでの転職であることを印象づけている。

# 職歴にブランクがある場合の添え状

ここをチェック

- □採用側は、ブランクの理由のほかに、「実務能力が鈍っていないか」を気にするもの。職を離れてからも自己啓発に努めたことで、自分の〝商品価値〟は変わっていないことを伝える。
- □ブランク理由が留学の場合は、学んだ目的と今後それをどう生かすかを明記することが必要。

## ●自発的にしていたことを伝える

前職を辞めてからブランクがある場合は、その期間に何をしていたのか、採用側が疑念を抱く前にはっきりさせる必要があります。

さらに、再就職に向けてどんな準備をしたかについても、ふれておかなければなりません。長く仕事から離れていることで、職務上のスキルが鈍っていることを採用側は懸念するからです。

そこで、資格取得のための勉強をしたなど、ブランクの期間中もしっかり自己啓発を続けていたことをアピールしましょう。

## ●留学によるブランクは目的をはっきり伝える

ブランクの理由としてよくあるのが留学ですが、どんな目的で行ったのかを明瞭にしないと、ただ遊びに出かけたと思われてしまい、「腰の据わらない人」といった印象も与えかねません。

その後の職歴に、留学経験をどう関連づけるかも大事なポイントです。**語学や技能を習得したのであれば、スキルアピールと希望職種への熱意につなげて、堅実な勤務姿勢を示す**のもよいでしょう。

## ●現在は働ける環境にあることを明記

ブランクの理由によっては、再び勤務不可能となることもあります。採用側にとって、それは一つの不安材料なので、本人の傷病や親の介護などで仕事ができなかった場合は、そうした不安を払拭しておく必要があります。

傷病によるものは、現在の状況を必ず記し、勤務に支障がないことを説明します。その他の事情の場合も、働くにあたって何も問題ないことを明記しましょう。そのうえで、自分にできることをアピールします。

# 職歴にブランクがある場合

令和○年2月15日

株式会社 日本商会
総務部人事課
田村健吉様

〒335－00××
埼玉県戸田市笹目1－×－×
TEL／048－449－45××
携帯／090－1221－59××
メール／Reisaku@shokuxx.xx
佐久間 礼二 (佐久間)

営業事務スタッフへの応募の件

拝啓　余寒の候、貴社いよいよご清祥のこととお喜び申し上げます。

さて、貴社では現在、営業事務スタッフを募集されているとのこと、大学時代の友人である貴社業務部の津村和樹氏よりうかがい、応募させていただきます。

私は、大学卒業後、東洋物産株式会社営業部にて、5年にわたり受発注業務や在庫管理業務を担当しておりました。しかし、令和○年に、実家の家業である旅館経営が破綻の危機に陥ったため、同社を退職してその立て直しに専念。その後どうにか盛り返しの兆しが見えてきたのに加えて、昨年からは大学を卒業した末弟が父の後を継ぎ、経営に当たっておりますので、後顧の憂いなく、私はまた職に就くことが可能となりました。

3年近いブランクがありますが、家業を手伝うのにも必要なため、ＰＣスキルをアップさせることができました。Word, Excel, PowerPoint などのオフィスソフトを操作するのに、何の問題もありません。

つきましては、ぜひとも私を採用選考の対象にしていただきたく、履歴書・職務経歴書を送付申し上げます。よろしくご検討のうえ、ご面談の機会を与えていただけますよう、心よりお願い申し上げます。

敬具

**ポイント**

- 紹介による応募は、紹介者の氏名と身分を明記する。応募先の社員である場合は、どのような間柄かを簡単に記すとよい。
- ブランク期間中のことはしっかり表に出し、「何をしていたか」を明らかにする。現在は勤務可能になった事情も、採用側が納得するように記すこと。
- 自己啓発は、些細なことでも記載したほうがよい。何もしなかった場合と比べ、印象が違う。

# 年齢制限を設けている場合の添え状

ここをチェック

□採用において年齢は不問であるのが原則だが、キャリア形成を目的とした長期勤続者の応募など、例外として年齢制限が設けられている場合がある。

□年齢制限に合わない場合は事前に応募先に問い合わせ、添え状にも感謝の言葉を添える。

## ●例外として年齢制限が設けられているケース

働く者に均等な機会を与えるという目的で、募集・採用に当たって年齢の制限をすることはできません。

ただし、労働施策の総合的な推進並びに労働者の雇用の安定及び職業生活の充実等に関する法律施行規則（第1条の3第1項）により例外となる場合があります。

例外事由1号…定年年齢を上限としている（定年60歳で60歳未満を募集）

例外事由2号…法令の規定により年齢制限がある（危険有害業務など法令で年齢が定められている）

例外事由3号イ…長期勤続によるキャリア形成を目的に若年者を対象としている（おおむね35歳未満を想定し、職業経験不問で、新卒者と同等の処遇にすることが要件）

例外事由3号ロ…特定の職種において、ある年齢層が相当少ない場合（電気通信技術者など、技能やノウハウの継承が必要な職種）

例外事由3号ハ…芸術・芸能における真実性の要請がある場合（演劇の子役を募集する際など）

例外事由3号ニ… 60歳以上の高齢者など、国の施策を活用する場合

なお、例外事由の1号、3号のイ・ロについては、期間の定めのない労働協約の対象として募集・採用することが前提条件です。

## ●事前に電話して応募の了承を得る

年齢制限を1歳でもオーバーしたら応募は無理かというと、そんなことはありません。

そのときは、**事前に、採用担当者に電話をして了解を得るか、添え状にその旨を記す**ようにしましょう。

了解を得て応募する場合は、添え状の書き出しに、応募を認めてもらったことへの感謝の言葉を添えると、より堅実な印象を与えられます。

# 年齢制限に合わない場合

令和○年11月5日

株式会社セントレア企画
採用ご担当
佐々木竜男様

〒211－00××
神奈川県川崎市中原区新城１－×－×
TEL：080－7774－45××
E-mail：Kikuchi@nenreixx.xx
菊池 耕平

グラフィックデザイナーへの応募について

拝啓　貴社におかれましてはいよいよご清栄のこととお喜び申し上げます。

本日、貴社の求人の件でお電話を差し上げました菊池耕平と申します。年齢制限をいささか超えているにもかかわらず、快く選考対象者としていただきましたばかりか、ご多忙のところ貴重なお話までお聞かせいただき、まことにありがとうございました。温かいご配慮に心より感謝申し上げます。

私は、高校を卒業後、精密機械の営業を５年にわたり担当し、その後は納入した製品の保守業務に力を尽くしてきました。そこでは技術的なことに限らず、人とのコミュニケーション能力も磨くことができました。デザイナーの仕事も、クライアントの納得いくものを制作するには、その意見に耳を傾け、何度も意見交換をして、それを作品に反映させる。それがプロの流儀ではないかと推量しております。デザインに関しては全くの未経験ですが、昔からイラストを描くことに興味があり、企業や団体などのロゴデザイン公募などには多数応募し、数点採用されたものもあります。

つきましては、履歴書・職務経歴書および最近の作品の一部（縮小プリント）を同封させていただきます。年齢こそ重ねておりますが、前職では自分より若い上司のもとで時代感性を吸収してきました。何とぞご高覧のうえ、よろしくご検討のほど、お願い申し上げます。

敬具

**ポイント**

- 応募資格を満たしていないときは事前に応募先に問い合わせを。冒頭部分では、書類を受け付けてもらえることへのお礼を必ず入れる。
- コミュニケーション能力を学んだということや「若い上司のもとで…」などの記述で、実年齢と関係なく職場に適応していけることをアピールしている。
- 作品などを添えて具体的に示すことで、未経験であっても基礎力があり、職種への関心が高いことを印象づけている。

# 主婦が再就職する場合の添え状

ここをチェック

□結婚・出産を経て再就職する場合、仕事から遠ざかっていた期間が長いほど不利になるが、再就職に向けて実践したことをアピールすることで、採用側の評価も変わってくる。
□まだ小さな子どもがいても、勤務可能な環境であることを説明すればハンディはカバーできる。

## ●再就職の理由を明確にする

主婦がパートの仕事に応募する場合、動機についてはそれほど詮索されません。しかし、正社員への応募となると、それを希望する理由づけが必要になります。

理由は、「子どもの手が離れたので働きに出られるようになった」「夫がリストラで職を失ったため」などのように、できるだけ具体的に記します。こうした記述があると、なぜ主婦が再就職したいのか、採用側によけいな憶測をされずにすみます。

## ●主婦をしながらしていたことを示す

主婦が再就職する場合、働いていない期間が長いほど不利になるので、その間も意識的に自己研鑽を続けて再就職に備えていたということをアピールするようにしましょう。

パートやアルバイト、スクール通学といった経験があれば、「家事や育児に専念していた」という人よりは、採用側に与える印象がよくなります（132ページ参照）。

また、資格や検定の取得という実績がなくても、**ＰＴＡや子ども会などで、仕事に関連することを経験していれば、それもブランクをカバーする材料になります。**

## ●育児と両立中ならフォロー態勢を完璧に

子どもがまだ小さいうちに再就職を希望する場合、越えなければならないハードルは、より高くなります。

それをクリアするには、子どもの急な発熱などで予定外の欠勤や早退・遅刻をしないということを、具体的なフォロー態勢を示してアピールします。**実家が近いので親の協力を得られる、延長保育のある保育園に入れている**など、可能な限りの対策を講じて伝えましょう。

# 主婦が再就職する場合

令和○年7月4日

株式会社ミユキ製菓
総務部人事課
有馬徳治様

〒154－00××
東京都世田谷区豪徳寺1－×－×
TEL：080－5450－56××
メール：Miya40@shufuxx.xx
宮沢 雅代 宮沢

## 経理部スタッフへの応募の件

拝啓　貴社ますますご発展のこととお喜び申し上げます。

さて、貴社サイトの求人募集を拝見し、経理部スタッフとして応募させていただきます。

私は、求人募集に記載されてありました応募資格を満たす者ですが、現在3歳の幼児がおります。しかしながら、主人の両親と同居しておりますので育児面で何も問題はなく、両親は全面的に協力すると約束してくれておりますし、主人も、できる限りの協力を申し出てくれております。

前職は出産を機に退職しましたので丸3年のブランクがありますが、私には一生何らかの仕事に携わっていたいとの思いがあり、家事・育児のかたわら意識的に自己啓発を行っておりました。地域で行われるＰＣ講座には積極的に参加して基礎操作を学び、その後レベルアップを目指してＰＣスクールに通学、Excelと経理ソフトの活用を習得しました。現在はこの技能を生かして、自治会の会計処理を行っております。

つきましては、「人物重視の採用」という貴社でぜひキャリアを積みたく、履歴書・職務経歴書を同封させていただきます。よろしくご検討のうえ、何とぞ面接の機会を与えていただけますよう、お願い申し上げます。

敬具

**ポイント**

- 幼児がいることで起こるさまざまな不都合を、採用側は懸念する。「会社に絶対迷惑はかけない」ことを、具体策を示してアピールすることが必要。
- 場合によっては、残業対応や出張も可能であることを記しておくのもよい。
- ブランク期間中にしていたことは、些細なことでも記載。再就職への熱意と向上心を、採用側に伝える。

# もう一つの書類──『自己ＰＲ書』

求人募集の方法は企業によって異なり、履歴書だけ提出すればよいところも少なくありません。しかし、求められていなくても、それに職務経歴書と添え状を加え、3点そろえて提出するべきです。このことは1章でも述べましたが、それら3点は、〝三位一体〟となって効力を発揮するからです。

ここで、もう一つ書類が登場します。それは「自己ＰＲ書」と呼ばれるもので、最近は応募書類として提出を求める企業も見かけるようになりました。

自分を売り込む応募書類に、自己ＰＲは欠かせません。履歴書にも職務経歴書にも、そして添え状にも自己ＰＲを盛り込みますが、この「自己ＰＲ書」を求められた場合は、独立したものを作る必要があります。

通常、B5またはA4サイズ用紙1枚に横書きし、職務経歴書と同じように、文書名（「自己ＰＲ書」）、提出日、氏名を記入します。

「自己ＰＲ書」の内容に決まりはありません。ほかの書類と重複しないようにだけ配慮し、いちばん自分らしさが伝わる話にまとめます。必ずしも仕事に直結したものでなくてもかまいませんが、最終的には「この人なら何かやってくれそうだ」という期待を持たせる内容にします。

この「自己ＰＲ書」で採用側がとくに注目するのは、応募者のヒューマンスキルです。これは、協調性やコミュニケーション能力、指導力、判断力、調整力、向上心などといったもので、実務スキルと同じように応募者に求められるものです。実務経験が不足している、転職回数が多いなどのハンディがある人は、自分の人間的な魅力をこの「自己ＰＲ書」を使って伝えることでフォローできるでしょう。

「自己ＰＲ書」は、いちばん自由に自分を表現できる書類です。指示がなくても添付して、差別化を図るのもいいかもしれません。

# PART 6

# 応募書類の最終チェックと送り方

最後まで気を抜かず、
作業は完璧に

# どんなに急いでいても最後に総点検を

ここをチェック

□書類を仕上げたら早く送るに越したことはないが、封をする前に必ず見直すこと。書いてすぐより、しばらく時間を置いたほうがミスを見つけやすい。
□自分だけでなく、第三者の目でもチェックすると安心できる。

## ●あとからミスに気づいても遅い

新卒者の就職活動とは違い、中途採用への応募は、時間的にあまり余裕がないのが普通です。

しかし、いくらスピードが勝負の応募活動とはいえ、自分の人生を変えるかもしれない重要な書類を、見直すこともしないで送ってしまっていいわけはありません。

提出後に、ミスに気づいても遅いのです。封をする前に、念には念を入れて書類を見直しましょう。応募者多数の場合は、どんな小さなミスでも命取りになりかねません。

## ●採用側の立場で厳しく見直しを

**見直しは、できれば書いた直後は避けましょう。**文字をつづっているときの思い込みがあるので、間違っていても見落としやすくなります。可能なら、夜書いたものを朝に見直すという形がベストです。

誠意を込めて書いた書類は、仕上げた時点で「これでよし」と安心してしまいがちですが、「本当にこれで大丈夫だろうか」と疑ってみることも大切です。

**書類選考の厳しさを思いやって、採用する側の目で自分の書類を見直してみましょう。**最後の最後まで、気をゆるめないことです。

## ●第三者の冷静なチェックを受ける

周囲にいる第三者に読んでもらうのも、よい方法です。説明が足りない箇所や誤解されやすい表現は、自分では気づきにくいものですが、第三者なら冷静にチェックすることができます。

自己ＰＲの部分も、自慢げな印象を与えるところはないか、率直な意見を聞きましょう。自分についてＰＲすることは大切でも、自慢するような書き方では敬遠されます。

# 送る前のチェックポイント

チェック

- □ 指示された書類はすべてそろっているか
- □ 用紙のサイズは企業の指定どおりのものか
- □ 用紙に汚れはないか
- □ レイアウトのバランスはとれているか
- □ 印字の際のカスレや汚れはないか
- □ 履歴書の写真は正しく貼ってあるか
- □ 日付の入れ忘れ、捺印もれはないか
- □ 誤字・脱字・記入もれはないか
- □ 文字の表記は統一されているか
- □ わかりにくい表現はないか
- □ セールスポイントがはっきりしているか
- □ すべての書類を通して、記述内容に矛盾点はないか
- □ 伝えたい情報はすべて盛り込まれているか
- □ 書類のコピー（控え）は取ってあるか

# 封筒の選び方・書き方で失敗しないために

ここをチェック

□丁寧に仕上げた応募書類は、できれば折り目のないきれいな状態で採用担当者に見てほしいもの。すべての書類が折らずに入る、大きめの封筒を使用するとよい。

□あて名の記載ミスには要注意。会社名や敬称のつけ方を間違えないように、慎重に書くこと。

## ●大きめの封筒で折り目をつけずに送る

市販の履歴書用紙には、封筒（長形4号サイズ）がセットされています。郵送するときは、これに三つ折りにした応募書類を、上から添え状、履歴書、職務経歴書の順に重ねて入れます。

しかし、こうすると書類に折り目がつくうえ、かさばってしまいます。狭い封筒に詰め込むのに抵抗を覚える人もいるでしょう。

そこで、折り目のないきれいな書類を採用担当者に読んでもらうためにも、封筒は書類を折らずに入れられる大きさを選びたいものです。**定形外封筒になるので郵便料金はやや高くなりますが**、大事な書類を丁寧に送ることをまず考えましょう。

## ●表書き・裏書きはバランスよく記入

封筒の表書き・裏書きをする際にまず注意したいのは、全体のバランスです。端のほうに片寄った書き方をしないように、事前に文字の位置を表す縦線を、鉛筆で薄く何本か書いておくとよいでしょう。この方法だと、文字の列が曲がってしまうこともありません。

ただし、書き終えてから、線を消すのを忘れないようにします。

## ●あて名の記載ミスは恥ずかしい間違い

あて名は、封筒の中央に大きくハッキリと書きます。会社名にある「株式会社」などの名称は、勝手に㈱と省略せずに、**必ず正式名称を書くのがマナーです。**

また、多いのが敬称のつけ間違いです。求人広告に掲載されていた担当者名まできちんと入れても、その敬称が「御中」では常識を疑われてしまいます。「御中」を使うのは、あて名が会社や部署の場合のみで、個人あての場合は「様」が基本です。

# 封筒の書き方のポイント

〈表書き〉

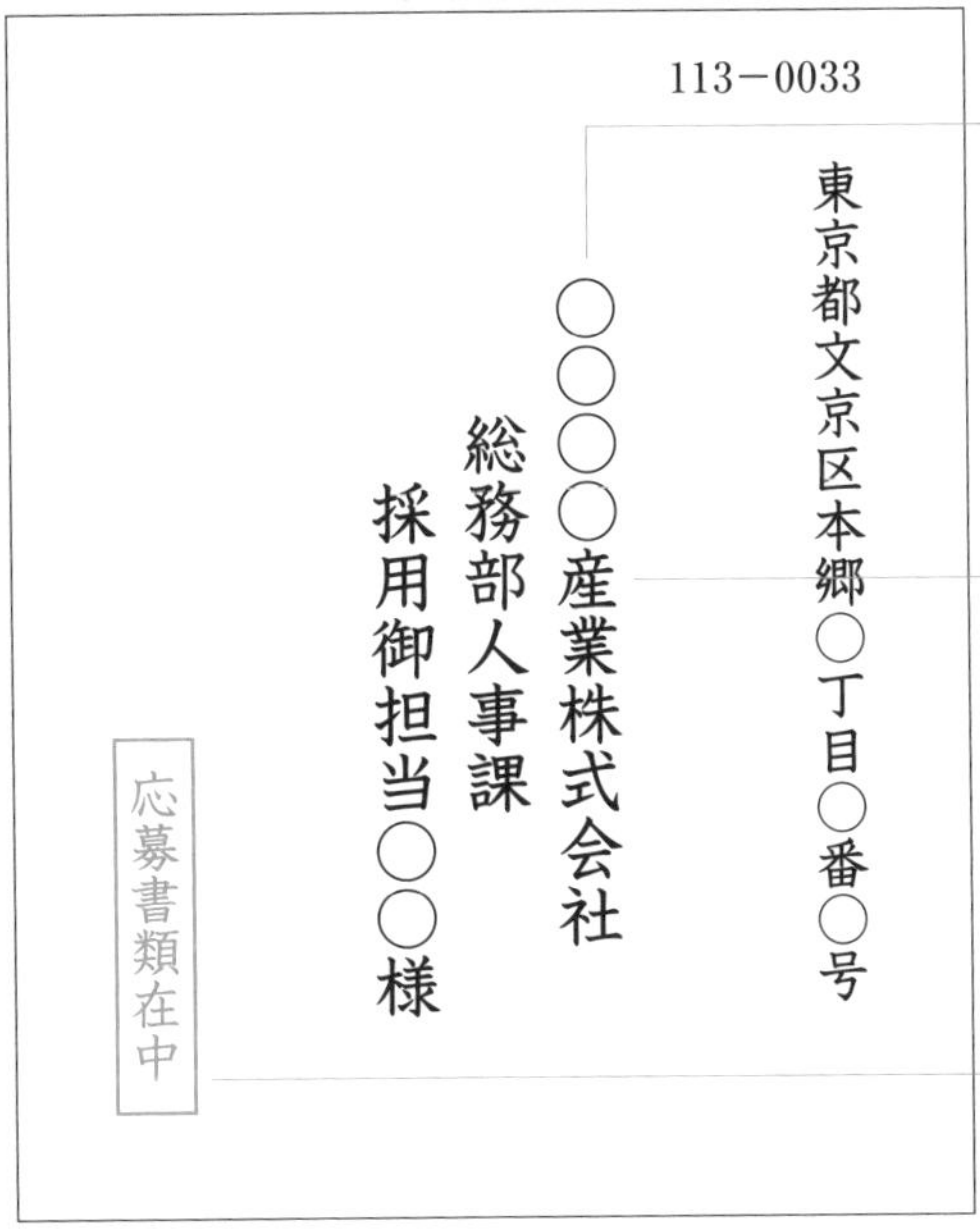


❶「**株式会社**」が社名の前後どちらにつくのか、しっかり確認する。「(株)」と省略しないこと。

❷あて名は、封筒の中央に大きく書く。人事担当者にあてるときは「**様**」、部署にあてるときは「**御中**」とする。

❸左下に「**履歴書在中**」または「**応募書類在中**」と赤ペンで記入する。

〈裏書き〉

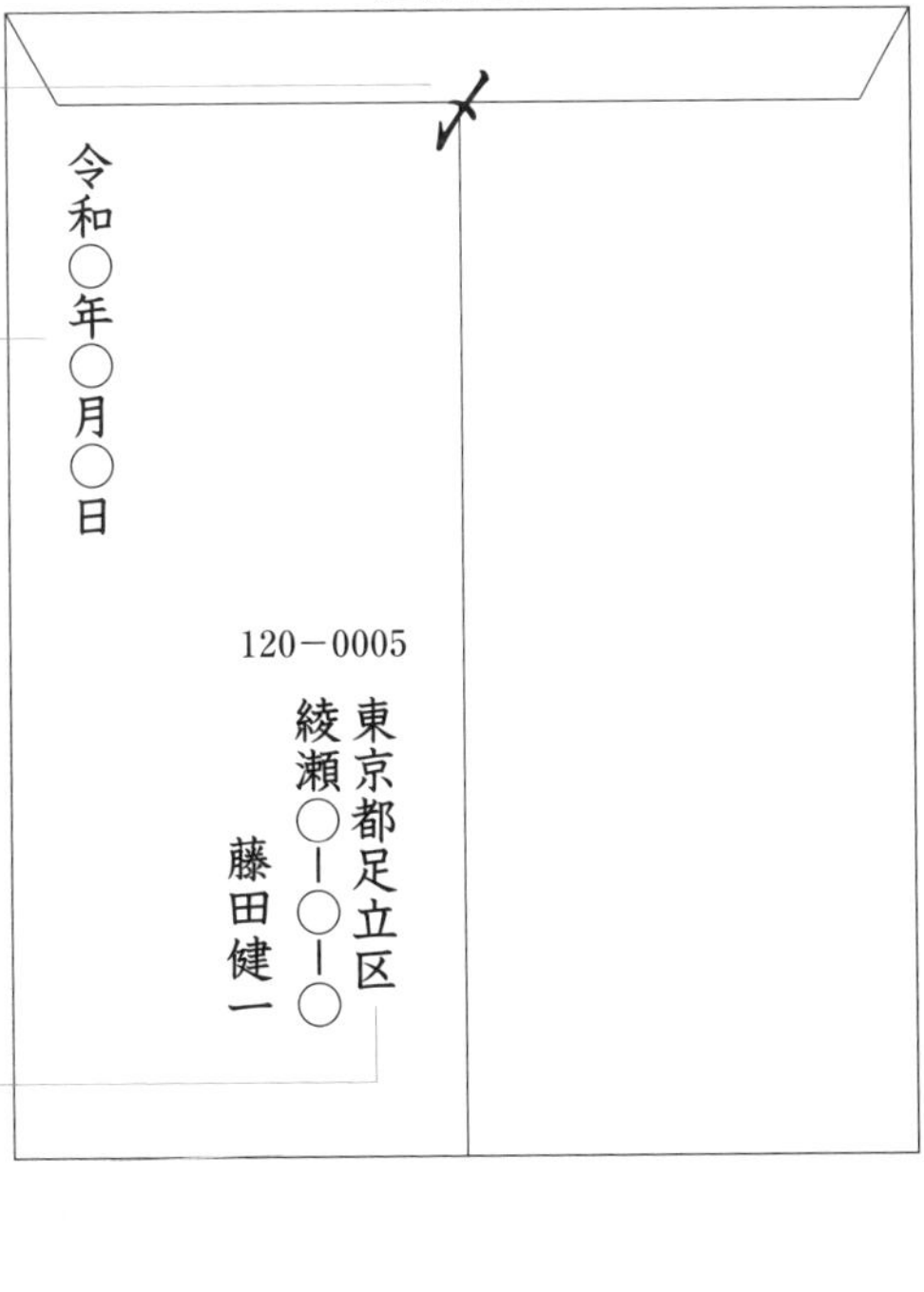


❹セロハンテープなどは使わず、ノリで封をする。封じ目には「**封**」か「**〆**」を入れる。

❺送付する日付を記入する。

❻都道府県名を略さず、正確に書く。

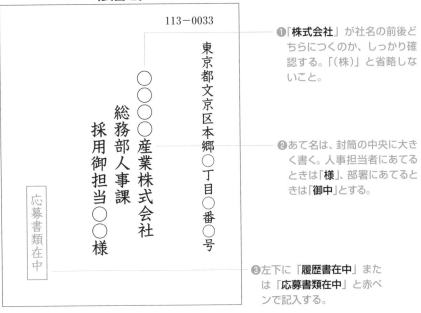

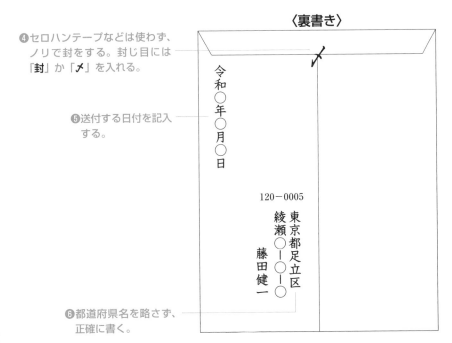

# 応募書類を郵送する場合のこんな注意

ここをチェック

- □応募書類をクリアファイルに入れて送ると、きれいなまま採用担当者に見てもらえる。一緒に制作物を提出する場合は、送り方にいっそう配慮する必要がある。
- □安易に「速達扱い」にすると、コスト感覚のなさを印象づけることもあるので注意する。

## ●きれいな状態で届ける気配りを

応募書類は、あなたの代理として選考に臨む重要な書類です。仕上げたときのきれいな状態で目を通してもらえるなら、それに越したことはありません。

Ａ４の封筒を使うと、書類が折れ曲がる可能性があるので、クリアファイルに入れて送ると安心です。用紙より多少大きい厚紙にはさんで、保護する形でもよいでしょう。

こうしたことは、とりわけやったほうがいいというわけではありませんが、丁寧な印象を与えることは確かです。

## ●制作物の送り方にはとくに注意

企画系や制作系の職種では、書類以外に、作品や企画書の提出を求められることがあります。面接時に持参するのが普通ですが、書類と併せて提出を指示された場合、あるいは、指示はないが提出するという場合は、送り方で評価が変わることもあるので注意を要します。

**企画書1枚にしても、それはあなたの大切な作品であるはずです。クリアファイルやカバーを利用して、「作品に対する愛着」が感じられる送り方を心がけましょう。**内容以前のそんなところにも、採用側の目は向けられるものです。

## ●「速達扱い」は状況で判断する

提出期限まであまり日がないようなときは、念のため書類は速達で出したほうがよいでしょう。

しかし、それ以外の場合に安易に速達を利用するのは考えものです。普通郵便でも十分に間に合うものを速達扱いにすると、「コスト感覚がない」と感じる担当者もいるからです。経理が希望職種の場合は、思わぬマイナス印象を与えかねません。

# 郵送の際に絶対してはいけないこと

## ❶切手の貼り忘れ・料金不足

- どんなに急いでいても、切手を貼らずに投函するのは致命的なミス。
- すぐに気がついた場合は、投函したポストの集配を受け持つ郵便局に、できるだけ早く申し出れば返してもらえる。
- 料金不足に気づかず、応募先に迷惑をかけてしまった場合は、注意力に欠ける人間と思われる可能性大。このミスを防ぐには、**郵便局の窓口から送付**すること。

## ❷切手の貼り過ぎ

- 添え状・履歴書・職務経歴書各1枚なら84円切手（定型封筒の場合）でOKだが、その枚数を超える場合は郵便局へ行って出すのが無難。その手間を惜しんで切手を余分に貼る人もいるが、**希望職種が事務職の場合は、不向きと見られることもある**ので要注意。

## ❸キャラクター切手の使用

- 目立たせようとしてキャラクター切手を使うのは、確かに印象には残るが**「よくない印象」**であることが多いのでやめるべき。応募先が玩具やファンシーグッズを扱う会社であっても、保守的な考え方をする担当者はいるもの。
- 真剣さや真面目さを疑われるようなことはしないこと。

## ❹会社の社用箋の使用

- 在職しながら転職活動をしている場合、**社用箋を使って添え状を書くなどは非常識な行為**。会社の備品を平気で私用に使う姿勢にもマイナス評価が下される。

# 応募書類を持参する場合のこんな注意

ここをチェック

- □応募書類は、「郵送か持参」なら直接持っていく。表・裏とも無記入の封筒に必ず入れ、むき出しは厳禁。面接が行われる場合もあるので、事前に確認する。
- □少しでも自分を印象づけるために、面接後は礼状を出す。早く出してこそ意味がある。

### ●書類は郵送より持参が有利

応募方法が「履歴書郵送」なら持参するわけにはいきませんが、「履歴書を郵送または持参」であれば、持参したほうが断然有利です。直接会って渡したほうが印象に残りやすく、こちらの熱意も伝わります。

電話連絡のうえ出向きますが、会社によっては持参した日に面接を行うところもあります。事前に確認しておくことが大切です。面接を行わない場合でも、志望する会社を訪問して社員と接するわけですから、髪型や服装はきちんと整えます。

### ●むき出しの書類はマナー違反

持参する書類は、郵送する場合と同じように封筒に入れますが、**表・裏とも無記入です。封をする必要もありません。**

郵送でない場合は封筒に入れなくてもいいと思っているのか、書類をむき出しで渡す人がいます。中身がしっかりしたものでも、人間に対する粗雑な印象はぬぐえません。

また、きちんと封筒に入れていても、その封筒が前職場や在職中の会社の社名が入ったものであるケースもあります。これも、非常識なこととして避けたい行為です。

### ●面接後の礼状は「その日のうちに」

応募書類持参の面接の場合、それにかける時間は、書類選考後の面接と比べて短いのが普通です。なかには10分に満たないケースもあり、満足に自己ＰＲできないうちに終わってしまうことも少なくありません。

そこで、ぜひ実行したいのが面接後の礼状です。これは早いほどよく、できればその日のうちに書いて投函するのがベストです。手紙のほうが丁寧ですが、**タイミング勝負なのでハガキでもかまいません。**

# 面接後の礼状の書き方

拝啓　貴社におかれましてはますますご清祥のこととお喜び申し上げます。

❶このたびは、私のために貴重なお時間をさいてご面談いただき、まことにありがとうございました。

　営業マンとして6年の経験はあるものの、異分野での仕事にうまく適応できるのか、実際に貴社をお訪ねするまでは、正直申し上げて不安がありました。

　しかし、大型トラックと住宅のどちらの販売も、高額商品を扱っていることと、売ったあともメンテナンスの窓口として顧客サービスに当たることは同じ❷という岡崎様のお話に、これまでの経験は無駄にはならない、無駄にしてなるものか、との思いを強くしました。

　また、「目指すはお客様と親戚づき合いのできる会社、結果は後からついてくる」という貴社の経営理念にもふれることができ、❸今では、貴社なら自分を磨き、成長させることができると確信しております。このうえは、ぜひとも貴社の一員として仕事をしたいと、切に願う次第です。

　面接の結果はお電話をいただけるとのことで、よいお知らせを頂戴できますことを願いながら、ご連絡をお待ちしております。

❹末筆ながら、貴社のますますのご隆盛と岡崎様のご健勝をお祈り申し上げます。

　取り急ぎ、面接のお礼まで。

敬具

令和○年10月20日

❺津田 修平

**ポイント**

❶礼状であるから、面接の機会を与えられたことへの感謝を、冒頭できちんと述べる。
❷担当者との話の中から印象的なものを取り上げ、感想や今の気持ちを述べる。
❸担当者と話したことで、入社意欲が高まったことを伝える。
❹終わりのあいさつもしっかり入れることで丁寧な印象を与える。
❺パソコンで作成した場合でも、署名は自筆で。

# 転職活動データをまとめておく

ここをチェック

□応募書類は必ずコピーして、面接で記載内容と違うことを話さないように、事前に目を通す。

□応募書類のコピーは、関連する情報と一緒に応募先ごとにまとめておく。書類選考で落ちた場合は再度内容を見直し、失敗の原因を見つけて次の転職活動に生かすようにする。

## ●応募書類はコピーして保存する

履歴書・職務経歴書・添え状の3点は、提出する前に必ずコピーを取っておきます。

これは、面接対策のためです。採用担当者は応募書類を参考に面接を行うので、書類に自分がどんなことを書いたか忘れると、記載した内容とまったく違う話をしてしまう恐れがあります。

面接前には、コピーにひと通り目を通して内容を頭に入れておきます。とくに**複数の企業に応募する場合は、志望動機やアピールポイントなどを混同しないように、十分注意する**必要があります。

## ●同じ失敗を繰り返さないために

書類選考が通らなかった場合、改めて書類を作成しなければなりませんが、コピーを参考にすれば、学歴・職歴などの基本データは、短時間で書くことができます。

しかし、それ以外については、内容から表現まで、しっかり見直す必要があります。**自分がなぜ不採用になったのか、答えは書類の中にある**からです。それを探ろうとせず、変えたのは日付や通勤時間だけといったいいかげんな書類を提出したのでは、また同じ失敗を繰り返すことになります。

## ●応募先ごとにデータをひとまとめにする

書類のコピーは、クリアファイルやバインダーなど自分がいちばん使いやすいものに、応募先ごとにまとめておきます。

この中には、ほかに求人広告の切り抜きや企業研究の内容、応募から選考結果に至るまでの関連データも、すべて一緒に入れておくようにします。こうすると、知りたいときにすぐに知ることができます。

# 転職活動データの主な内容

## ❶応募書類（履歴書・職務経歴書・添え状）のコピー

- 面接の前に必ず目を通しておく。
- 志望動機や自己PRとして記したことはしっかり頭に入れ、当日改めて聞かれても**同じ内容の話ができるようにしておく。**

## ❷求人情報

- 新聞などの求人広告の切り抜きや求人サイトのスクリーンショットは不可欠。応募条件から待遇、給与、所在地まで基本的な情報がコンパクトにつまっているので、**必ずデータとして残しておく。**
- 広告が記載されていた**媒体名**と**掲載日**もメモしておく。

## ❸企業研究の内容

- 会社概要や経営状態、体質、評判など、これまで志望企業に関して集めた情報はすべて**一緒に保管**しておく。

## ❹応募・問い合わせ

- **応募書類送付の日付、送った書類の内容、採用担当者の名前**などをメモ。
- 応募にあたって気づいたことや疑問点は、すぐにメモしておく。面接の前に問い合わせた場合は、その日時、応対してくれた担当者名、回答内容を記入。

## ❺面接・結果通知

- 面接の日時と場所、会場への行き方などをメモ。
- 面接内容については、**企業とのやりとり**をできるだけ詳細にデータとして残す。
- 面接結果の通知がいつごろになるか**予定を確認しておく。**

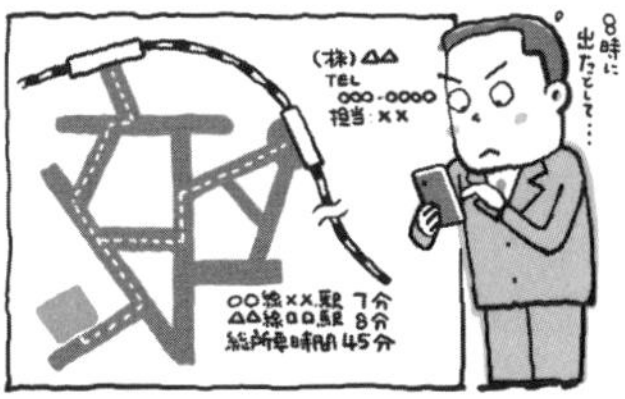

## 「応募に関するQ&A」

**Q 公募していない企業へのアプローチは?**

A 働きたい会社が求人募集をしていない場合、無理にあきらめるくらいなら、「ダメもと」で履歴書や職務経歴書を送りつけるのも一つの方法です。大企業では、採用方法が決まっているのでほとんど望みはありませんが、中小企業であれば、場合によっては道が開ける可能性があります。

書類には添え状を必ずつけ、何よりもまず「唐突に書類を送りつけた非礼へのお詫び」を述べます。このお詫びがないと、厚かましい印象しか与えないので注意が必要です。

そのうえで、「なぜその会社なのか」を明確に伝えます。公募していない会社に書類を送るということは、それだけ強くひかれるものがあるはずです。それを自分の言葉で表現し、「募集の予定があるときは選考対象の一人に加えてほしい」旨のお願いをします。

大切なのは、あくまでも相手企業の都合に合わせるという姿勢を示すことで、特別扱いを期待するような書き方はNGです。

**Q 以前応募した企業に再チャレンジするときは?**

A 過去に不採用になった企業に再び応募する場合、過去の〝汚点〟をわざわざ持ち出す必要もないように思われますが、それにあえてふれるところに誠実さが感じられるものです。また、人事部に応募の記録が残っている可能性もないとはいえないので、やはり一応は、応募歴にはふれておいたほうがよいでしょう。

そのうえで、最初に応募した当時の自分と現在の自分を比較し、社会人としての経験を積んだことで「商品価値」がアップしたことをアピールします。

再チャレンジする以上、志望動機は、入社を希望する強い熱意が伝わるものでなければなりません。ここが陳腐な言葉の羅列では、恥ずかしいことになります。価値の高くなった自分から見て、応募企業はどこが魅力的なのか、その魅力ある職場で自分はどんなことをしたいのか、説得力のある言葉で説明することが重要です。

## Q 応募の締め切りに遅れそうなときは？

**A** 何であれ約束ごとを守るのは、社会人としての常識です。締め切りは、厳守しなければなりません。企業によっては、郵便の消印が1日遅いだけで封さえ切らないところもありますが、厳しいというより、これは当然のことなのです。

とはいえ、「求人広告を見たのが締め切り当日」ということもあるでしょう。普通に郵送したら絶対に間に合わないという場合は、あきらめる前に、まずは応募先に問い合わせてみることです。

もちろん、企業によって対応はさまざまです。断られる確率も高いのですが、どうしても応募したいのであれば、その熱意が採用担当者に伝わって、直接持参するなど何らかの対応策を考えてくれる企業がないとはいえません。

遅れた書類を受け付けてもらったときは、その日のうちに必ず礼状を出します。締め切りを守らなかったことへのお詫びと、温情処置をとってくれたことへの感謝がメインです。

## Q 面接の日程に都合がつかないときは？

**A** 書類選考をパスすると、応募した会社からメール、電話、封書などで面接通知がきます。面接の日時は、会社が一方的に指定するケースも少なくありませんが、応募者の都合を考慮してくれるところもあります。その場合は、遠慮しないで自分の予定を話してかまいません。

中途採用では、会社に勤めながら転職活動を行っている人も多いため、土曜日や勤務時間外を指定するのが一般的です。どうしてもスケジュールの調整が不可能なときは、採用側に申し出て、別日程を組んでもらうようにしましょう。迷惑をかけることになるので、丁寧にお願いするのは当然です。

しかし、こうしたお願いは、できる限り避けたいものです。入社を切望して書類を提出したのなら、たとえ面接日が平日だろうと、休みをとって受けにいくぐらいの気持ちでいるのが本当でしょう。

● **監修者**

**矢島　雅己**（やじま　まさみ）

ジャスネットコミュニケーションズ株式会社　創業者・公認会計士。

プライスウオーターハウスコンサルタント（株）の取締役、トランスコスモス（株）の取締役を経て、1996年、ジャスネットコミュニケーションズ（株）を設立。

人材紹介・派遣の登録者数1万人の履歴書・職務経歴書に接し「転ばない転職」、「無駄にしないキャリア」をモットーに指導をする。

中小企業大学講師、日本大学非常勤講師、東京商工会議所相談員、（社）人材紹介事業協会研修委員などを歴任。主な著書に、『決算書はここだけ読もう　会社の財布の覗き方』（弘文堂）、『そのメール、ビジネスチャンスを逃してます』（ソシム）などがある。本書初版の監修に携わる。


**ジャスネットコミュニケーションズ株式会社**

公認会計士による公認会計士の転職紹介からスタート。経理・会計・法務に特化した人材紹介・人材派遣・教育研修・アウトソーシングを主なビジネスとしている。ビジネス文例や決算書の読み方を無料で閲覧できる「ビジネス文書の森」や経理の最新情報をお届けする「経理の薬」などを通じ有用なビジネス情報を発信し続けている。
Web：https://www.jusnet.co.jp
（厚生労働省許可番号　13-ユ070198、般13-070300）


本書に関する正誤等の最新情報は、下記のURLをご覧ください。
https://www.seibidoshuppan.co.jp/support

上記アドレスに掲載されていない箇所で、正誤についてお気づきの場合は、書名・発行日・質問事項・氏名・住所・FAX番号を明記の上、**成美堂出版**まで**郵送**または**FAX**でお問い合わせください。
※電話でのお問い合わせはお受けできません。
※本書の正誤に関する質問以外にはお答えできません。また受験指導などは行っておりません。
※ご質問の到着確認後10日前後で、回答を普通郵便またはFAXで発送致します。
※ご質問の受付期限は、2025年の5月末日到着分までと致します。ご了承ください。


**最新最強の履歴書・職務経歴書　'26年版**

2024年５月20日発行

監　修　矢《や》島《じま》雅《まさ》己《み》

発行者　深見公子

発行所　成美堂出版
〒162-8445　東京都新宿区新小川町1-7
電話(03)5206-8151　FAX(03)5206-8159

印　刷　株式会社東京印書館





ISBN978-4-415-23839-5